Andrea Birchler

Worte aus dem Herzen

Gedanken
Gefühle
Gespräche mit Gott

Copyright: © 2016 Andrea Birchler
www.andreaherzpoesie.ch

Lektorat: Erik Kinting - www.buchlektorat.net
Umschlaggestaltung & Satz: Erik Kinting
Titelbild-Illustration: Annemarie Plüss, gestaltungen plus,
Winterthur

Erschienen bei tredition GmbH, Hamburg
Printed in Germany

Das Werk, einschließlich seiner Teile, ist urheberrechtlich geschützt. Jede Verwertung ist ohne Zustimmung des Verlages und der Autorin unzulässig. Dies gilt insbesondere für die elektronische oder sonstige Vervielfältigung, Übersetzung, Verbreitung und öffentliche Zugänglichmachung.

Bibliografische Information der Deutschen Nationalbibliothek:
Die Deutsche Nationalbibliothek verzeichnet diese Publikation in der Deutschen Nationalbibliografie; detaillierte bibliografische Daten sind im Internet über http://dnb.d-nb.de abrufbar.

Widmung

Für Dich

Ich wünsche Dir Flügel, die Dich immer tragen.
Ich wünsche Dir Freude in diesem Moment.
Ich wünsche Dir Liebe, die ohne zu fragen
die Freiheit Dir lässt, weil sie Dich wirklich kennt.

Inhalt

Vorwort 11

Freude 13
    Neuer Tag 13
    Dir danken 14
    Leben 14
    Lied: Gott zur Ehre 14
    Lobet und preiset den Herrn 17
    Erlösung 17
    Dich loben 18

Staunen 19
    Gottes Geschenke 19
    Dank unserem ewigen Schöpfer 20
    Groß ist der Schöpfer 20
    Sein Geschenk 21
    Loben wie der Sonnenaufgang 22
    Erfüllte Stille 23
    Zauber des Jetzt 24

Herzanliegen 26
    Herr steh' mir bei 26
    Dreifaltigkeit 27
    Jesus 27
    Bitten um Deine Führung 28
    Kinderwunsch 29
    Komm Jesus 30
    Komm Heiliger Geist 31
    Wut in Liebe verwandeln 31

Innenleben **33**
    Wer bin ich? 33
    Atmen und Ankommen 34
    Aus der Mitte des Herzens 35
    Chaos im Inneren 35
    Der Kompass 36
    Kraft für Herz und Seele 38
    Leben in allem ganz erleben 39
    Die Angst in mir 40
    Die Not des Herzens 41
    Licht deiner Seele 42
    Wie weiter? 43
    Heimkehren 44
    Licht im Herzen 45
    Meine Seele 46
    Erfahrungen im Leben 47
    Tränen 48
    Heilung 49
    Wagnis 50
    Begegnung im Herzen 51
    Staunen über die Fülle des Lebens 52

Familie **53**
    Für dich liebes Kind 53
    Weg zur Geburt 54
    Unser Kind 55
    Mutter sein 56
    Mit Gott 58
    Schutzengel 58
    Es tut mir leid 59
    Wer ist klein, und wer ist groß? 60

Menschen 62
   Kostbare Augenblicke 62
   Wenn Menschen einander begegnen 62
   Hände 64
   Sinn im Leben 65
   Auf dem Lebensweg 66
   Mit oder ohne Gott 67
   Es geht uns alle an 68
   Lied: Maria 71
   Wie war es wohl zu jener Zeit? 72

Fragen 73
   Fragen 73
   Weißt du …? 74
   Warum? Wofür? Weshalb? 75
   Wenn … 76
   Glaubenssache 77

Gespräche mit Gott 79
   Ich glaube 79
   Dank 80
   Alles was Du gibst 81
   An Deinem Tisch 82
   Die Kraft in mir 83
   Danke für Dein großes Herz 84
   Die Welt und wir Menschen 84
   Gespräch mit Gott 86
   Freiheit 88
   Gottes Macht 88
   Lebenstanz 89
   Meine Lebensfülle ist der Herr 90

    Freude und Dank 91
    Preise den Herrn 93
    Zu Dir 94

Liebe **96**
    Zeichen der Liebe 96
    Einsamkeit und Gottes Liebe 97
    Gottes Liebe im Leben 98
    Begleitung auf dem Lebensweg 99
    Gottes ewige Liebe 100
    Ewigkeit 102

Trauer **104**
    Alles braucht seine Zeit 104
    Und dann …? 105
    Verlust 106
    Prüfungen im Leben 107
    Trauer 108
    Zeit 109
    Ende und Neuanfang 110

Abschied **112**
    Liebevoller Abschied 112
    Verbundenheit 113
    In Gottes Licht und Herrlichkeit 114

Verzeihen **116**
    Vergebung 116
    Einander verzeihen 117
    Verzeihen und Vergeben 118

Zeit **119**
    Vertrauen in die Zeit 119
    In den dunklen Tagen des Lebens 120
    Jahreszeiten des Lebens 121
    Keiner kennt die Zeit 122
    In ein neues Jahr 123

Tage des Herrn **124**
    Besondere Zeit 124
    Im Advent... 125
    Der Weihnachtsstern.. 126
    Ostern... 126
    Gedanken zum Pfingstfest 127
    Wenn Gedanken weitergehen … 129

Segen.. **130**
    Segen 130
    Liebe im Leben... 130
    Abendgebet 131
    Ich wünsche dir … 132
    Segen auf den Weg 133

Herzlichen Dank... **135**

Vorwort

Worte aus dem Herzen sind für mich Kostbarkeiten und Geschenke, die aus Erlebnissen, Gedanken, Gefühlen und stillen Momenten entstanden und gewachsen sind. Sie erzählen vom Leben und machen darauf aufmerksam, der Schöpfung und sich selbst liebevoll, ehrlich und frei von Bewertung oder Verurteilung zu begegnen.
Die Einzigartigkeit des ganzen Universums und sein eigenes Leben als einen wundervollen Bestandteil darin neu wahrnehmen, erleben und genießen ist jederzeit möglich.

Gott ist Leben und gehört heute mitten in mein Leben. Dafür bin ich zutiefst dankbar. Gott, der Schöpfer, die unendliche Liebe … ein Wort oder Namen dessen, der für mich unfassbar und beispiellos großartig, ja genial ist. Es ist meine innerste Überzeugung, dass der göttliche Funken in allem pulsiert und somit alles auch in seinem Kern, seinem Ursprung, göttlich ist. Immer wieder Gott direkt anzusprechen tut mir gut. Antworten auf mein Fragen gibt das Leben durch die Menschen und die Natur. Manchmal kommen sie schnell und einfach, dann wiederum brauchen sie Zeit oder bleiben offen. Doch bereits das aufrichtige Aussprechen, bewusste Beobachten oder die klare Entscheidung, es für eine Weile zur Seite zu legen, verändert mein Gefühl und den Blick darauf. Das bringt häufig eine Entspannung in die Situation, und es überrascht mich immer wieder, wie Neues im bereits Bekannten dann erkennbar wird und in Bewegung kommt.

Dieses Buch ist eine Einladung, dir jeden Tag die Erlaubnis zu geben, in deinem Herzen das Fenster der Freude und des Staunens ganz weit zu öffnen, und die köstliche Luft berührender Augenblicke tief einzuatmen. Und vielleicht hat sich sogar in der einen oder anderen Situation der liebevolle Humor versteckt und freut sich wie ein Kind darauf, entdeckt zu werden – denn: Lachen ist gesund, wohltuend und befreiend.

Ich wünsche dir Mut und Vertrauen, dem Geheimnis des Lebens auf der Spur zu bleiben, und mögen dir *Worte aus dem Herzen* Momente der Freude, Stille, Dankbarkeit oder des Trostes und der Zuversicht für jeden neuen Tag schenken.

Herzlich
Andrea

Es gibt Stunden, wo der Mensch von aller Unzulänglichkeit befreit ist. Man steht dann auf einem kleinen Flecken eines kleinen Planeten, schaut erstaunt die Schönheit des Ewigen, des in der Tiefe Unergründlichen. Man fühlt, es gibt nicht mehr Werden und Vergehen, es gibt nicht mehr Tod und Leben, sondern nur das Sein.

Albert Einstein

Freude

Neuer Tag

Ja, heute ist ein neuer Tag.
Ich freue mich auf ihn.
Was er mir Neues bringen mag?
Ich freue mich auf ihn.

Denn jeder Tag ist ein Geschenk
und wird uns frei gegeben.
Es macht mich glücklich, wenn ich denk':
Wie kostbar ist das Leben.

Das heißt zwar nicht: Alles ist schön.
Es gibt manch' dunkle Stunden,
und die gilt es auch durchzustehn,
sie ganz zu überwinden.

Doch sicher ist, egal wie lang
und angstvoll war die Nacht,
es folgt immer ein Neuanfang,
wenn frisch der Tag erwacht.

Ich freu' mich an dem neuen Tag
in diesem Augenblick,
denn einmalig ist jeder Tag.
Bringt er mir heute Glück?

Dir danken

Ich dank' Dir, Gott, mit meinem Sein,
Dein Lieben ist wie Sonnenschein.
Du nährst und stärkst und wärmest mich,
drum lob' und ehr' und preis' ich Dich.

Wie ein Gefäß, das bis zum Rand
gefüllt mit Liebe aus Deiner Hand,
so spüre ich mein Menschdasein.
Es ist, als kehr' ich endlich heim.

Frei sprudelt meiner Seele Quell',
was dunkel war, leuchtet jetzt hell.
Ich sing' im Herz' und danke Dir
für das, was liebend schenkst Du mir.

Leben

Freude am Leben, ja, die lebe ich
und möchte sie geben jetzt weiter an dich,
denn einmalig herrlich und zauberhaft schön
ist unsere Erde. Kannst du es auch sehn?

Vertrauen ins Leben, ja, das habe ich
und möchte es geben auch weiter an dich,
denn dadurch wird offen und wundervoll schön
das eigene Leben. Du wirst es schon sehn!

Liebe zum Leben, ja, die spüre ich
und möchte sie geben nun weiter an dich,
denn sie ist die Kraft und das Licht in uns drin
und gibt jedem Leben den wirklichen Sinn.

Frieden im Leben, ja, den wünsch' ich mir
und wünsche von Herzen den Frieden auch dir,
dann kann 's für uns Menschen ob groß oder klein
bereits hier auf Erden paradiesisch schön sein.

Gott zur Ehre

Refrain
Gott im Himmel will ich eh-ren, hö-ren, was Er mich will lehren.
Sei-ne Lie-be ist der Stern, dem ich fol-ge im-mer gern. dem ich fol-ge im-mer gern.

Strophe
1. Al-les was hier wächst und steht, al-les was lebt und ver-geht lo-be sei-nes Schöp-fers Macht, dan-ke, was Er hat voll-bracht.
2. Ber-ge, Wäl-der, Fluß und See, Früh-ling, Som-mer, Herbst und Schnee, je-de Blu-me, je-des Tier ist zur Eh-re Got-tes hier.

3. Strophe

Jeder Mensch von Anfang an
staune, was der Herr getan.
Niemand ist so groß wie Er,
von Ihm kommt das Leben her.
Refrain

4. Strophe

Darum rühme jetzt die Erde
Gottes Werk, auf daß es werde
Frieden und so ein Geschenk
für Ihn, der ewig ist und lenkt.
Refrain

Lobet und preiset den Herrn

Es loben, preisen Gott den Herrn
und rühmen Seinen Namen,
aus tiefster Erd', von fernstem Stern,
alle, die von Ihm kamen.

Er ist der Anfang und das End'
von allem, was es gibt.
Ein jedes seinen Schöpfer kennt,
Ihn, der uns ewig liebt.

Ja, Dir mein Gott, gehört das Lob,
Dir Vater, Sohn und Geist.
Drum bringe ich jetzt, was ich hab',
dass es Dich ehrt und preist.

Erlösung

Erlöst tief im Herzen, so fühle ich mich,
unendlich erleichtert und tief drin glücklich,
denn ich hab' erfahren und in mir erkannt,
dass einzig nur Liebe kommt aus Gottes Hand.

Dabei ist nicht wichtig, wie lange das geht,
bis ich mich kann öffnen, weil Er mich versteht.
Denn Gott dauert ewig und lässt mir die Zeit,
bis ich mich entscheide, wann ich bin bereit.

Bereit zur Befreiung in meinem Herz drin.
Bereit anzunehmen mich selbst, wie ich bin.
Versöhnt tief im Herzen, ja, so fühl' ich mich,
denn Gott liebt mich wirklich, und jetzt tu's auch ich.

Dich loben

Nach dunkler Nacht der Tag erwacht.
Die Sonn' erscheint mit gold'ner Pracht.
Dich, Herr, zu loben ist ihr Sinnen,
genauso wie der Vögel Singen.

Die ganze Schöpfung preise Dich.
Die Mücke wie auch der Kranich,
die Blumen, Steine – jedes Stück,
entstanden all' durch Dein Geschick.

Wie sie will ich einstimmen hier
und Lob und Dank darbringen Dir,
und Dich erfreu'n mit meinem Sein,
Du, Gott und Vater ewig mein.

Staunen

Gottes Geschenke

Das größte Wunder ist das Leben,
selbst, wenn sein Anfang winzig klein.
Kraftvoll und still wird es gegeben,
nur Gott kann solch' ein Schöpfer sein.

Durch Ihn beginnt dieses Pulsieren,
das nie aufhört, bis ganz zum Schluss.
Er lässt die Erde zart vibrieren,
dass alles wächst im Überfluss.

Ja, staunend macht mich diese Fülle,
denn grenzenlos ist jene Kraft,
die liebevoll setzt Gottes Wille
alle Zeit um, wohl bedacht.

Wenn ich an diese Wunder denke,
die überall sind stets zu sehn,
spür' ich, es sind alles Geschenke,
die Gott lässt täglich neu entstehn.

Dank unserem ewigen Schöpfer

Gott hat den Regen uns gemacht,
die Erde in der ganzen Pracht,
den Wind, der uns den Atem gibt,
das Feuer, das die Wärme liebt.

Im Weizenkorn das Leben steckt.
Gott unser Schöpfer es erweckt,
denn alles fängt ganz klein erst an.
Ein Wunder jeder Neuanfang.

Doch wird die Zeit nicht endlos sein,
die jedes Leben, groß und klein,
verbringt auf dieser schönen Welt.
Die Tage sind bereits gezählt.

Nur ewig ist und bleibt der Herr.
Ja, groß und stark ist einzig Er.
Die ganze Schöpfung preise Ihn
und bringe Lob und Dank zu Ihm.

Groß ist der Schöpfer

Unendlich ist des Schöpfers Macht,
der alles hat hervorgebracht
in unfassbarer Leichtigkeit.
Er ist und bleibt in Ewigkeit.

Wie klein und schwach wir Menschen sind
und oftmals für das Gute blind?
Wie unversöhnlich bleiben wir
häufig verstrickt im Netz der Gier?

Wie weit halten wir uns entfernt
vom Lebensfeuer, das erwärmt
die Herzen, sie mit Licht erfüllt
und ganz in Gottes Liebe hüllt?

Unendlich groß ist Seine Macht,
der alles hat hervorgebracht
und uns voller Barmherzigkeit
Willkommen heißt zu jeder Zeit.

Sein Geschenk

Siehst du diesen Bussard fliegen?
Mühelos scheint zu besiegen
er die Erdanziehungskraft.
Riechst du diese zarten Blüten?
Einzigartig wie sie blühen,
kein Erfinder so was schafft.

Hörst du diese Kinder lachen,
wenn sie ihre Spiele machen?
Jedes alles sonst vergisst.
Spürst du den Herzschlag der Erde?

Jedes Mal, wenn ich ruhig werde,
staune ich, wie schön das ist.

Diese Welt, in der wir leben,
wurde allen gleich gegeben,
doch nicht jeder das so sieht.
Es gibt Menschen, welche glauben,
dass ihr Plündern und Ausrauben
einfach unbemerkt geschieht.

Tiere sterben in den Meeren,
Arten sich nie mehr vermehren,
wenn sie ausgerottet sind.
Wälder sind der Erde Lungen,
und wir all mit ihr verbunden.
Warum sind so viele blind?

Welche Zeit ist uns geblieben?
Täglich wird erneut entschieden,
ob die Welt noch existiert.
Und so wünsche ich im Herzen,
dass wir Menschen wirklich schätzen
Sein Geschenk, das Er uns gibt.

Loben wie der Sonnenaufgang

Hörst du frühmorgens die Amsel laut singen,
und siehst du des Nachts manchmal Sterne im All?

Spürst du jenen Zauber, den Wellen dir bringen,
und riechst du die Blumen? Sie sind überall.

Ein jedes tut das, welches ihm ist gegeben
und fragt nicht: «Warum muss ich gehen mal fort?»
Es ist ganz im Augenblick in seinem Leben
und gibt stets sein Bestes und schenkt alles Gott.

Ja, Du bist der Schöpfer und Ursprung des Lebens,
von Stein oder Pflanze, von Mensch oder Tier.
Weil Du bist, ist gar nichts und niemand vergebens,
einmalig ist alles entstanden aus Dir.

Und drum soll Dich loben, ganz auf seine Weise
ein jedes Geschöpf wie der Sonnenaufgang,
der hingebungsvoll zeigt, so strahlend und leise,
die Herrlichkeit Gottes beim Tagesanfang.

Erfüllte Stille

Dem Urknall gleich im Welten All,
wie Donner nach des Blitzes Strahl,
so ist es, wenn Gott Neues schafft,
am hellen Tag – in dunkler Nacht.

Dennoch ist's still, wenn es beginnt,
und niemand hört, wie dabei singt
das neue Leben Ihm ein Lied.
Vor uns verborgen das geschieht.

Denn kein Mensch weiß, wie es passiert.
Die Wissenschaft hat's lang studiert,
ergründet und geklärt scheinbar.
Trotzdem bleibt's für mich unfassbar.

Die ganze Schöpfung, jeden Stein,
Menschen, Tiere groß und klein,
hat allesamt geformt der Herr.
Ja, groß und mächtig ist nur Er.

So lob' ich staunend heute Ihn,
denn auch mein Leben kommt von Ihm,
und bin dann still und lausch' dem Klang,
der in mir schwingt von Anfang an.

Zauber des Jetzt

Wenn ich in der Nacht zu den Sternen hoch blick',
spür' ich große Freude und inniges Glück.
Unendliche Ruhe breitet sich in mir aus,
erfüllt sanft mein Herz und strömt weiter hinaus.

Ganz leise gesellt sich das Staunen zu mir.
Es flüstert: «Spürst du diese Freiheit im Hier?»
Die Dankbarkeit zeigt sich und lächelt mir zu:
«Komm' setz dich, erzähl' uns! Was hast erlebt du?»

Das Lachen, die Stille, vollenden das Ganze.
Unsagbar beschenkt fühle ich mich und tanze.
Und alle, die da sind, sie stimmen mit ein,
zum fröhlichen Reigen des «Im Moment Sein».

Herzanliegen

Herr steh' mir bei

Mein Herr steh' mir bei,
dass ich werde frei
von all' meinem Wollen,
was andere sollen.

Oh Herr steh' mir bei,
dass mein Herz wird neu,
und ich kann mein Leben
jetzt wirklich annehmen.

Und Herr steh' mir bei,
dass ich nicht entzwei
in mir von Dir bin.
Führ' mich zu Dir hin.

Ja, Herr, steh' mir bei,
dass ich werde frei
im Herzen für Dich
und mit mir glücklich.

Dreifaltigkeit

Gott schenk' mir Deine Liebe,
sie wärmt wie Sonnenschein.
Und mit ihr kehrt Dein Friede
in meinem Leben ein.

Jesus, ich bring' die Bitte:
Erfüll' mein Herz mit Dir.
Befreie meine Mitte
und bleibe stets bei mir.

Dir Geiste Gottes ruf' ich:
Entzünd' die Seele mein
mit Deinem Feuer täglich,
dass ich ganz Mensch kann sein.

Jesus

Jesus, ja, Dich ruf' ich an
und schau, was ich bis jetzt getan
mit meinem Leben, meinem Sein.
Manchmal fühl' ich mich so allein.

Du Heiler, Retter, Gottes Sohn,
nimm' weg von mir den bitt'ren Ton,
der traurig mich im Herzen macht,
und fülle mich mit Liebe sacht.

Denn diese Liebe ist die Kraft,
die einem Wunder gleich es schafft
zu heilen, was verwundet ist,
denn Mensch geword'ner Gott Du bist.

Du bist der Freund dessen, der sucht,
liebend umarmst, wer sich verflucht.
Dein Lieben tröstet jedes Herz
und lindert sanft den größten Schmerz.

Ich bitte Dich, mein Freund zu sein.
Nimm' Platz in meinem Leben ein
und steh' mir bei zu jeder Zeit,
in Freude und in Traurigkeit.

Bitten um Deine Führung

Herr gib mir Mut im Leben,
dass ich mir selbst kann geben
die Liebe und den Frieden.
Herr führ' mich an der Hand,
dass Herz und auch Verstand
spüren, wo ich kann dienen.

Herr lenke meine Schritte
immer zu meiner Mitte,
denn dort entspringt die Freud'.
Herr lehre mich die Worte

der Heil bringenden Sorte,
denn sie lindern das Leid.

Herr hilf mir anzunehmen
Tage mit Unbequemem,
denn dies macht mich erst ganz.
Mein Herr, ich danke Dir,
denn Du vertraust stets mir,
drum sing' ich jetzt und tanz'.

Kinderwunsch

Mein Gott, es fällt mir heute schwer
einzugestehn, dass ich gar sehr
den Wunsch nach einem weit'ren Kind
in mir verspür. Das macht mich blind
für ehrliche Geduld.
Das drückt wie eine Schuld.

Ich höre ticken meine Uhr,
und das lässt mich dann denken nur:
«Es bleibt mir nicht mehr so viel Zeit.
Wann ist es denn endlich soweit?»
Im Kreise ich mich dreh'
und keinen Ausgang seh'.

Und darum rufe ich zu Dir:
Hilf' Du aus meinen Ketten mir,
die ich mir täglich neu anleg'!

Führ' mich zurück auf meinen Weg,
dass ich erkennen kann,
was steht im Seelenplan.

Komm Jesus

Jesus, komm in mein Leben,
Du großer Menschenfreund,
denn was Du möchtest geben
mein ganzes Herz erfreut.

Mit Deinem wahren Menschsein
hast Du das Licht gebracht,
und so wird nie allein sein
ein Mensch in tiefster Nacht.

Dies Licht der Freiheit leuchtet
und zeigt uns, wer Du bist,
und gleichzeitig hindeutet
auf Ihn, der immer ist.

Du heilst und schenkst Vergebung,
wann immer wir bereit.
Ja, Du bist unsre Rettung
bis an das End' der Zeit.

Drum Jesus bleib' im Leben
von uns, Du Menschenfreund,

denn Du willst Freiheit geben,
die jedes Herz erfreut.

Komm Heiliger Geist

Komm Heiliger Geist, erfülle mich ganz
bis tief in die Seele mit göttlichem Glanz.
Du heilende Kraft trägst die Weisheit in Dir.
Die Ewigkeit Gottes ist Heimat von Ihr.

Komm Heiliger Geist, entzünde in mir
ein Feuer der Freude, das ich nie verlier'.
Du liebende Kraft wirkst in jedem Moment.
Die Mächtigkeit Gottes den Grund dafür kennt.

Komm Heiliger Geist, und führe mein Herz
ganz achtsam und zärtlich stets weiter vorwärts.
Du göttliche Kraft wirst für immer da sein.
Die Herrlichkeit Gottes lässt uns nie allein.

Wut in Liebe verwandeln

Jesus, heut ruf' ich verzweifelt zu Dir:
Blick' tief in mein Herz, wie es aussieht in mir!
Da drin sitzt schon lang eine sehr alte Wut.
Ich wusste erst nicht, wer sie ist, was sie tut.

Doch seitdem ich sie klar und deutlich kann spüren,
hab' ich nun begonnen, 'nen Ringkampf zu führen
mit ihr – doch schlussendlich alleine mit mir.
Und darum komm' ich mit der Bitte zu Dir:

Verwandle die Wut in mir zu jener Kraft,
die alles kann heilen und es wirklich schafft,
mein Herz zu erfüllen, zum Leuchten zu bringen,
dass frei meine Seele vor Freude kann singen.

Innenleben

Wer bin ich?

Wer bin ich wirklich, und was bin ich nicht?
Trag' ich eine Maske vor meinem Gesicht?
Ich horche und staune, was sich jetzt zeigt mir.
Wie kann ich's erklären in Worten nur dir?

Es ist wie ein Drängen, ein tosender Fluss,
und etwas in mir drin sagt deutlich: Ich muss.
Befreit ist das Leben und will nun hinaus,
und freudig laut singend tanzt es aus dem Haus.

Das Tor meiner Seele, es öffnet sich weit,
vorbei ist die dunkle und leidvolle Zeit.
Die Quelle des Lebens, kristallklar und rein,
ich fühle sie sprudeln und tauch' in sie ein.

Es ist so belebend und herrlich berauschend,
wenn ich sitz' am Brunnen der Seele still lauschend.
Mein Herz, es ist glücklich und lächelt in mir.
Kannst du nun verstehen, was ich beschreib' dir?

Ich möcht' mit dir tanzen und lachen dazu.
Vielleicht klingt's verrückt ja, doch was sagst' jetzt du?
Komm' lasse uns feiern das Leben nun ganz
mit unserm Lachen und fröhlichem Tanz!

Atmen und Ankommen

Ich atme still in mich hinein
und lass' das viele Denken sein.
Dann schließ' ich meine Augen zu.
Ich atme tief und komm' zur Ruh.

Ich spür' den Wind auf meiner Haut,
acht' aufmerksam auf jeden Laut.
Wie köstlich schmeckt die warme Luft,
macht trunken durch den Blumenduft.

In dem Moment bin ich ganz hier
und dadurch auch wirklich bei mir.
Ich nehme eine Freiheit wahr
unendlich groß und wunderbar.

Ein Lächeln breitet sich jetzt aus
weit über mein Gesicht hinaus
und kehrt ganz sanft ins Herz zurück,
lässt mich erahnen wahres Glück.

Ich atme still in mich hinein
und spür' den warmen Sonnenschein.
Ich atme tief und danke Dir,
denn Du bist immer auch bei mir.

Aus der Mitte des Herzens

Wenn ein Herz in seiner Mitte lebt,
die Blume der Liebe endlich blüht.
Wenn ein Herz in seiner Mitte lebt,
die Lebenssonne Kraft versprüht.

Wenn ein Herz aus seiner Mitte lebt,
gar manches Wunder leicht entsteht.
Wenn ein Herz aus seiner Mitte lebt,
es ohne zu wissen das Große versteht.

Wenn ein Herz in seiner Mitte ist,
heilen selbst alte Wunden ganz.
Wenn ein Herz in seiner Mitte ist,
kehrt ein die Seel' mit ihrem Glanz.

Wenn ein Herz aus seiner Mitte wirkt,
die Schöpfung dieses sanft verspürt.
Wenn ein Herz aus seiner Mitte wirkt,
die Ewigkeit es zart berührt.

Chaos im Inneren

Chaos im Inneren ist unbequem,
dass ich es mir oft will nicht wirklich ansehn.
Viel lieber beschäftige ich mich mit dem,
welches bringt Ablenkung und ist angenehm.

Chaos im Inneren hat seinen Sinn.
Es zeigt auf, dass ich mir nicht klar bin, wohin
mein Weg weiter gehn soll, und darum bleibt's wirr,
dass ich scheinbar ziellos im Jetzt herum irr.

Chaos im Inneren tut seine Pflicht,
es will sie erfüllen, und überhaupt nicht
mich ärgern, noch quälen. Es ist einfach hier,
um mir aufzuzeigen, mein Flüchten vor mir.

Chaos im Inneren, ich danke dir,
dass du hast nicht locker gelassen von mir,
doch nun werd' ich's klären, denn ich sehe ein,
dass du sonst noch weiterhin wirst bei mir sein.

Der Kompass

Ich breche auf im Leben
zu unbekanntem Land.
Vorwärts zieht mich mein Streben
den Kompass stets zur Hand.
Er hilft beim Navigieren
mit großer Präzision,
so kann ich nicht verlieren
den Kurs auf die Vision.

Ein Land neu zu entdecken,
braucht Mut und noch viel mehr,

wenn plötzlich Angst und Schrecken
angreifen übers Meer.
Dann braucht's schnelles Entscheiden,
welches doch gut bedacht,
vielleicht vom Kurs Abweichen
und Segeln durch die Nacht …

Mein Kompass zeigt stets weiter
zum Ziele unbeirrt.
So ist dieser Begleiter
gleichzeitig wie mein Hirt'.
Deshalb trag' ich ihn ständig
in meinem Herzen drin.
Er zeigt, wann 's ist notwendig,
zu drehn neu zum Kurs hin.

Ja, ich brech' auf im Leben
zu unbekanntem Land,
und werde niemals legen
den Kompass aus der Hand.
Dies Instrument ist nützlich,
denn es führt mich ganz klar
zum Ziel, wenn auch nicht plötzlich,
sondern durch all die Jahr'.

Kraft für Herz und Seele

Aus Gott entspringt die Seelenquell',
der Ursprung unsres Seins,
so wundervoll und strahlend hell
erfüllt mit Gottes Schein.

Das Herz ist auch ein Meisterstück,
vollkommen rein und gut,
stets liebend und dadurch im Glück
es seine Aufgab' tut.

Doch in so mancher Lebensstunde
Schmerzvolles geschieht,
und hinterlässt dann eine Wunde
im Herz, das alles sieht.

Die Seele steht dem Herzen bei
mit ihrer ganzen Kraft.
Sie flüstert sacht': «Mache dich frei
von dem, was Schmerzen schafft.»

Das Herz fragt leise: «Aber wie?
Ich weiss nicht, wie das geht.»
«Nutz' deine Kraft,» antwortet sie.
Das Herz dies nicht versteht.

«Du hast noch eine andre Kraft,
die ruht ganz tief in dir.
Es ist ein andrer Lebenssaft
und fließt auch stets in mir.»

Das Herz nun staunend in sich spürt,
und plötzlich nimmt es wahr
die Liebe, die den Schmerz wegspült,
sanft, stark und wunderbar.

Das Herz lächelt die Seele an,
und sie lächelt zurück.
«Das ist jetzt wie ein Neuanfang
und wahres Lebensglück.»

Leben in allem ganz erleben

Verliebt in das Leben, ja, so fühl' ich mich:
Unendlich tief dankbar und wirklich glücklich.
Ich hab' überwunden die Angst in mir drin,
die mich von Dir trennte und meinem «Ich bin».

Vorbei ist die Ohnmacht, das Suchen umher.
Befreit von den Bildern, die drückten so schwer.
Es jubelt die Seele in meinem Herz frei,
mein inn'res Erstarrt Sein ist endlich vorbei.

Ich spüre die Liebe, die Freiheit, die Kraft,
und lache und tanze … ich hab' es geschafft!
Und dann halt' ich inne, denn ich hör in mir
die Stimme des Herzens, die sagt: Bleibe hier.

Das holt mich zurück in mein Jetzt und mein Da.
Ich atme nun langsam und sag' schließlich: «Ja,

jetzt kann ich erkennen, was Leben ganz macht:
Im Herzen sind beide – der Tag und die Nacht.»

Die Angst in mir

Ich spüre eine Angst in mir
zwar schwach und trotzdem klar.
Sie flüstert: «Ich gehör' zu dir,
nimm mich doch endlich wahr!»

Verwirrung breitet sich nun aus
besonders beim Verstand.
Er protestiert und ruft: «Hinaus!»,
hebt schützend seine Hand.

Gleich einem Kampf, der in mir herrscht,
erscheint es mir zuletzt,
und ich werd' wütend, bin genervt
und innerlich gehetzt.

Die Angst wartet und lässt mir Zeit,
das tut erstaunlich gut.
Ich werde ruhig und bin bereit
zu fühlen, was sich tut.

Jetzt stehen Aug' in Aug' wir hier.
Alles ist plötzlich still.
Und langsam spüre ich in mir,
was diese Angst nur will.

Ich streck' die Arme hin zu ihr.
Sie lächelt mir sanft zu.
Und da nehm' ich sie wahr in mir,
wie ein vertrautes «Du».

Verwundert blicken nun zu uns
Verstand und die Gedanken.
Sie fragen: «Ist das auch dein Wunsch?»
Ihr Wissen kommt ins Wanken.

Denn ich kenn' eine Angst in mir
jetzt deutlich und ganz klar
und sage schmunzelnd nun zu ihr:
«Was sind wir für ein Paar!»

Die Not des Herzens

Der Herzensweg ist unbekannt,
doch sucht oft zu erforschen,
der Mensch ihn wie verborgenes Land.
Will er es wohl beherrschen?

Denn vielfach möchte er zu gern
alles geordnet wissen,
damit Problem und Sorgen fern
sanft ruhen auf den Kissen.

Doch mancher Tag sieht anders aus,
weit weg ist jede Rast.

Das Herz weiss nicht mehr ein noch aus,
zu viel wird ihm die Hast.

Da kann es sein, dass sich das Herz
plötzlich 'ne Auszeit sucht,
weil es genug hat von dem Schmerz
und ständig auf der Flucht.

Vielleicht geschieht das mit dem Schrei:
«Ich brauche Zeit zum Ruh'n,
was einmal war ist jetzt vorbei,
selbst, wenn noch viel zu tun!»

Dann wird aus diesem Schock-Moment,
wo alles scheinbar bricht,
der Augenblick, wo man erkennt,
was wichtig und was nicht.

Vielleicht wird später nach dem Schmerz
langsam daraus entstehen
ein neuer Weg für dieses Herz,
den es kann weitergehen.

Licht deiner Seele

Gleich dem Schein unzähl'ger Sterne
und dem Glanz des Mondes Schein,
stärker als der Sonne Wärme
strahlt das Licht der Seele dein.

Spürst du in dir drin dies Glühen
und die Kraft, die darin ist?
Kannst du auch ihr Wort verstehen?
Denn sie sagt dir, wer du bist.

Ja, diese Energie ist heilsam
und führt dich, wenn du es willst
zu dir heim, dass nie mehr einsam
du in deinem Leben bist.

Du kannst Liebe, Freiheit finden,
fühlen in dem Augenblick,
dass du bist mit Gott verbunden,
denn Er ist das wahre Glück.

Und darum gleich dem Schein der Sterne
und dem Glanz des Mondes Schein,
gar stärker als der Sonne Wärme
strahlt das Licht der Seele dein.

Wie weiter?

Wenn Wut oder Schmerzen im Inneren hausen,
dass es mich vor mir selbst beinahe will grausen,
und dunkle Gedanken die Macht übernehmen,
sind Tage wie diese nur schwer zu bestehen.

In jenen tiefschwarzen und einsamen Stunden,
wo einzig als Antwort «Verzweiflung» zu finden,

geht manchem Vertrauen ins Leben verloren,
und es kommt die Frage: Wofür denn geboren?

Doch in dieser Ohnmacht ist unendlich nah
ein Engel der Liebe. Er ist einfach da
und wärmt unsre Herzen mit göttlichem Schein,
begleitet uns Menschen in unserem Sein.

Ja, denn Gottes Liebe ist die Energie,
die ewig schon währte und welche auch nie
wird irgendwann enden – egal was geschieht.
Weil Gott voller Liebe in jedes Herz sieht.

Heimkehren

Heimkehren ist so wunderschön
und tut unendlich gut.
Das kann auch unsichtbar gescheh'n
und braucht trotzdem viel Mut.

Ich war nicht nur bis Auckland hin
per Schiff lang' auf der Reise,
nein, ebenso im Körper drin,
einfach auf andre Weise.

Mein Leben fand im Kopf drin statt,
ich fühlte nicht mein Herz.
Doch irgendwann hatt' ich es satt,
denn ich kam nicht vorwärts.

Das machte Angst, verwirrte mich,
ich war mir plötzlich fremd,
doch mit der Zeit verändert sich
alles zum Happy End.

Denn langsam kehrt' ich endlich heim
ins Herz und so zu mir.
Wie anders spür' ich jetzt mein Sein
in meinem Leben hier.

Ja, heut' bin ich zutiefst dankbar,
denn lang' war ich gereist
zum Herzen heim, das wunderbar
mich stets willkommen heißt.

Licht im Herzen

Ganz tief drin im Herzen
da wohnen vereint:
Die Liebe, der Frieden.
Wie hell ihr Licht scheint
gleich einem Polarlicht,
das in tiefster Nacht
die Dunkelheit durchbricht
und Freude entfacht.

So leuchten sie ständig
und gehen nie aus.

Sie halten lebendig
das Licht im Herz-Haus.
Selbst, wenn todunglücklich
bleibt in uns dies Licht
und scheint weiter zärtlich.
Ja, es erlischt nicht.

Das Licht bleibt bestehen
und leuchtet bis dann,
wir zu Gott heimkehren
am Schluss irgendwann.
Denn in unsren Herzen
da wohnen vereint:
Die Liebe, der Frieden.
Wie hell ihr Licht scheint.

Meine Seele

Die Seele ist mein inn'res Licht
und unbeschreiblich schön.
Das spüre ich, auch wenn ich nicht
sie kann von außen sehn.

Unglaublich ihre Energie,
gestärkt durch Gottes Kraft,
belebt sie Freud' und Fantasie,
nährt meinen Lebenssaft.

Die Liebe Gottes ist der Ort,
wo ihre Heimat liegt
und heilend wirkt ein jedes Wort,
und Frieden immer siegt.

Die Zeit, in der sie wohnt in mir,
gibt ihr die Möglichkeit,
Erfahrungen zu machen hier:
Schweres und Leichtigkeit.

Ich kann nicht in die Zukunft sehn,
wie lang sie in mir ist,
doch ich vertrau, dass beim Heimgehn
ein Engel bei uns ist.

Erfahrungen im Leben

Alleine gelassen, so fühl' ich mich jetzt.
Die kraftvollen Worte …Das hat mich verletzt.
Doch wenn ich ganz ehrlich und aufrichtig bin,
erahn' ich dennoch einen Sinn auch darin.

Wie lang täuschte ich mich mit manch' heilem Bild,
und wenn etwas störte, dacht' ich: „Halb so wild."
Zu schön war der Traum, welchen ich träumen wollt',
bis das Hier und das Jetzt hatten mich eingeholt.

Gar schnell war ich dann mit dem Schuldspruch zur Hand
und stellte mich anklagend selbst an die Wand.

Doch ist's ein Versagen, wenn etwas zerbricht?
Wer kennt solche Tage im Leben wohl nicht?

Wird's besser, wenn ich mich verurteile nun?
Ich schüttle den Kopf, denn ich weiss, was zu tun:
Die Scherben aufräumen und dann Inventar,
von dem, was soll bleiben, und jenem, was war.

So kehrt langsam Ordnung und Ruhe neu ein.
Ein Lächeln wird möglich, wenn auch noch ganz klein.
Der Blick in den Spiegel gelingt bald einmal.
Das Grüßen am Morgen ist fast schon normal.

Das Leben geht weiter, zum Glück, sag ich jetzt.
Ich fühle mich besser, bin nicht mehr verletzt,
und wenn ich ganz ehrlich und aufrichtig bin,
dann machte auch diese Erfahrung wohl Sinn.

Tränen

Tränen nähern sich ganz leise
und ihr Sinn ist liebevoll.
Einzigartig ist die Weise,
wie sie wirken wundervoll.

Tränen öffnen jene Türen,
welche sonst sorgsam bewacht,
lassen endlich das Herz spüren,
was zuvor gar nicht bedacht.

Tränen sind Ausdruck des Schmerzes
lindern oft des Herzens Pein.
Tränen sind Perlen des Glückes
glitzern hell wie Sonnenschein.

Dankbar bin ich für ihr Heilen,
denn sie helfen mir dabei,
aufrichtig im Jetzt zu weilen,
dadurch wird mein Herz neu frei.

Heilung

Heilung wird dann geschehen,
wenn ich kann eingestehen,
dass ich bin auf der Flucht
vor dem, was mein Herz sucht.

Heilung kann auch beginnen,
wenn ich wage zu singen,
egal zu welcher Stund'
aus meines Herzens Grund.

Heilung ist ganz leicht möglich,
wenn ich sag' zu mir ehrlich:
«Ich liebe dich vollständig!»
Das macht mich neu lebendig.

Denn Heilung ist die Aufgabe,
die täglich ich neu habe,
auf meinem Lebensweg.
Und es ist nie zu spät!

Wagnis

Leben vollkommen im Jetzt und im Hier,
das klingt so perfekt und genial.
Es kommen Gefühle, die ich nie bei mir
zu finden geglaubt hätte mal.
So vieles ist mir unbekannt.

«Bleibe vollständig im Herzen bei dir!»
Das sag' ich mir oft wieder neu.
Und etwas erwacht' immer mehr nun in mir,
ob ich es vielleicht mal bereu'?
Denn ich betret' ganz neues Land.

Was wird sich entwickeln wohl einmal daraus?
Die Frage kommt, wenn ich nachdenk'.
Doch erst dieser Schritt aus Vertrautem heraus,
lässt wachsen und wird zum Geschenk.
Das Herz reicht der Seele die Hand.

Begegnung im Herzen

Ganz still bin ich und horch' hinein,
spür' kräftig mein Herz schlagen.
Einmal nichts machen – einfach sein,
kann ich fast nicht ertragen.

Gar schnell möchte ich etwas tun
und mich erneut ablenken.
Mein Herz flüstert: «Du darfst jetzt ruhn
und dir die Auszeit schenken.»

Ganz langsam tritt jemand hervor,
und gibt sich zu erkennen.
Die Tränen steigen sacht' empor,
ich kann sie nicht verdrängen.

Gefühle, die ich plötzlich spür',
sind schwer nur zu beschreiben.
Mein Gegenüber sagt zu mir:
«Es ist Zeit zu entscheiden.»

Es scheint wie eine Ewigkeit,
vielleicht waren's Sekunden,
doch als ich bin im Herz soweit,
ist alle Angst verschwunden.

Ruhig steh' ich da und schau' mich an,
hör' meines Herzens Schlag.
Ich spür', es ist ein Neuanfang,
den ich mit mir jetzt hab'.

Staunen über die Fülle des Lebens

Manchmal innehalten vom sonst vielen Tun,
und still werden, spüren, nach außen hin ruhn,
kann öffnen den Blick auf die innere Welt,
wo Zeit ist unwichtig und nur das Jetzt zählt.

Was nun sichtbar wird, ist schwer zu beschreiben,
wenn Bilder berührend und doch so bescheiden
sich zeigen. Sie kommen ganz sacht auf mich zu
und flüstern mir leise: «Ja, all' das bist du!»

Im Spiegel der Seele wird dann erkennbar
was ich mir vormache und was wirklich wahr.
Bewegt, aufgewühlt und beschenkt fühl' ich mich.
Das Leben ist Fülle, dafür danke ich!

Familie

Für dich liebes Kind

In mir wuchs neues Leben
erst unerkannt heran.
Gleich einem Erdenbeben
die Nachricht ich vernahm.

Ich kann es noch nicht fassen,
mein Herzenswunsch ist wahr.
Ich bin ganz ausgelassen:
«Ein Kind!» – wie wunderbar.

Nun spür' ich in mir täglich
des Kindes reges Sein.
Ich bin so überglücklich,
dass ich vor Freud' oft wein'.

Du kleines, zartes Wesen
kannst du mich schon verstehn?
Meine Gedanken lesen
und in mein Herz jetzt sehn?

So innig sind verbunden
wir nun in dieser Zeit.
Jede der vielen Stunden
ist eine Kostbarkeit.

Stark schlägt mein Herz geduldig
jetzt ebenso für dich.
Sein Klang, er sagt dir stetig:
«Ich bin einfach glücklich!»

Dein Vater freut sich auch schon,
du kleiner Stern, auf dich,
abends erzählt er davon,
was er erlebt täglich.

Doch schlaf', mein Kind, jetzt ruhig ein,
ich wiege dich ganz sacht.
Auch Stern- und Mondesschein
wünschen dir «Gute Nacht!».

Weg zur Geburt

Bald bist du endlich da.
Ich freue mich, oh ja,
und doch ist mir auch bang.
Wie wird wohl der Anfang?
Es ist ein großer Schritt.
Wie geht es dir damit?

Zurzeit fehlt mir der Mut.
Ich weiss, dass es wehtut,
dies erste ganz Loslassen,
und das lässt mich erblassen.

Nur kurz ist noch die Zeit.
Bin ich wirklich bereit?

Seit vielen Monden schon
träume ich oft davon,
dich zärtlich zu umarmen
und dich mit meinem warmen
Atem sanft zu berühren,
dich wirklich ganz zu spüren.

Hörst du mein Herz laut schlagen?
Es will auch Danke sagen,
denn du bist uns geschenkt,
von Ihm, der alles lenkt,
und das bringt mich zur Ruh'.
Nun geh' ich darauf zu.

Unser Kind

Deine Stimme zu hören, deine Augen zu sehn,
ist für mich ein Wunder, einfach wunderschön.
Du bist unser Kind und ein Gottes Geschenk.
Ich weine vor Glück, wenn ich nun an dich denk'.

Vor einigen Tagen kamst du auf die Welt
bist für uns wertvoller als Gold oder Geld.
Jetzt bist du ganz hilflos, doch schnell wird's geschehn,
dass du willst versuchen, die Welt zu verstehn.

Du wirst gehen lernen, erst Schritte ganz klein,
und wir werden deine Begleiter dann sein.
Noch ist's nicht so weit und fern der Augenblick,
wo du weiterziehst, um zu finden dein Glück.

Dich, Kind, zu begleiten, ist unsere Pflicht.
Ob's uns wird gelingen, das wissen wir nicht.
Doch wissen wir eines, und dies sagen wir:
Die Liebe von uns zwei, die schenken wir dir!

Mutter sein

Mutter sein heißt weitergeben,
Liebe, Freude und Vergeben,
in nicht messbarer Einheit.
Grenzenlos scheint die Freiheit,
welche darin leise wacht,
durch des Kindes Glück mit lacht,
wenn es freudig hat entdeckt,
wie die Schnecke sich versteckt.
Jeder Tag ist unbeschreiblich,
einzigartig unvergleichlich
und vorbei doch irgendwann.

Mutter sein heißt nicht aufgeben,
sich und sein ganz eigenes Leben.
Viel mehr heißt es wachsen, reifen,
durchs Begleiten erst begreifen,
was das Leben kostbar macht.

Wie in manch durchwachter Nacht,
wenn ihr Kind die Nähe braucht,
weil ein Fieber aufgetaucht,
plötzlich und ganz unbemerkt.
Danach es erneut gestärkt,
sich dem Leben stellen kann.

Mutter sein heißt auch Loslassen,
selbst, wenn sie es nicht gelassen
tief im Herz hinnehmen kann.
Trotzdem weiss sie, irgendwann
wird ihr Kind ganz von ihr gehn
und in seinem Leben stehn.
Doch jede Mutter wünscht sich still,
dass das Schicksal gnädig will,
und auf des Kindes Lebensweg
ein Schutzengel zur Seite steht.
Und das fängt mit Klein schon an.

Mutter sein heißt auch für mich,
ganz da zu sein, mein Kind für dich.
Das fordert mich jetzt neu im Leben,
an jener Grenz' nicht aufzugeben,
welche ich manchmal erreiche.
Und wenn ich von dem abweiche,
was mir einmal wichtig war,
wird vielleicht erst richtig klar
was im Leben wirklich zählt:
Liebe die uns alle hält.
Wie es war von Anfang an.

Mit Gott

Es klingt ein Lied in dieser Nacht,
mein Kind, hörst du es auch?
Und über allem gütig wacht
des Schöpfers sanfter Hauch.

Denn Er, der schon seit ewig war
und immer wird auch sein,
bleibt bei uns in Not und Gefahr.
Er lässt uns nie allein.

Geduldig, zärtlich und viel mehr
ist Gott in seiner Gnad'.
Ja, voller Licht und Macht ist Er
und liebt uns jeden Tag.

Das Lied, es klingt in dieser Nacht,
mein Kind, ins Herz hinein.
Es lässt dich spüren Gottes Kraft
und stärkt dein wahres Sein.

Schutzengel

Du Schutzengel von unsrem Kind,
beschütz' es, wenn wir nicht da sind.
Mit sanfter Hand es täglich führ'
und stets begleit', das bitten wir.

Kein Mensch auf Erden kann es so,
und das macht uns als Eltern froh,
weil wir hoffen und vertrauen,
dass du wirst stets liebend schauen.

Schon mehrmals hast du es bewahrt
und uns ein Unglück so erspart,
und deshalb danken wir dir heut',
dass Kinderlachen uns erfreut!

Es tut mir leid

Ich fühle mich jetzt schuldig,
mein liebes Kind, bei dir,
weil ich zu ungeduldig
heut' war, das glaube mir.

Du bist noch zart und klein
und vieles ist dir neu.
Wie konnt' ich nur so sein?
Gar sehr ich es bereu'.

Ich möchte stets mit Liebe
begleiten dich mein Kind.
Doch Worte sind wie Hiebe,
wenn ich schimpfe geschwind.

Ich muss mir eingestehen,
mein Scheitern heut' und hier.

Es gibt nichts zu erklären,
ich tat Unrecht an dir.

So werde ich bewahren
in meinem Muttersein,
was ich habe erfahren
durch dich, du Sonnenschein.

Nun schlafe gut, mein Kindlein,
und träume ruhig und schön,
bis du wirst morgen wach sein,
und wir uns glücklich sehn.

Wer ist klein, und wer ist groß?

Wie ist es wohl für dich, mein Kind,
dass wir so groß und mächtig sind?
Was geht in deinem Köpfchen vor,
wenn du blickst wach zu uns empor?

Dein Sprechen ist so wunderbar,
selbst, wenn es ist nicht immer klar,
was du uns manchmal fragen willst.
Dein Wissensdurst scheint nie gestillt.

Und täglich übst du unermüdlich
greifen, krabbeln und bist glücklich,
wenn's dir wieder mehr gelingt.
Jeden Tag dies neu beginnt.

Du spielst mit allem voll Genuss
und blickst erstaunt zum großen Bus.
Ja, kleines Menschlein, was du tust,
ist Leben pur mit reiner Lust.

Wir möchten dich noch manches lehren,
doch könnt' man auch den Spieß umkehren,
denn du lebst ganz im Jetzt und Hier.
Wie klein und schwach sind darin wir?

Komm' lass uns voneinander lernen
und staunend blicken zu den Sternen,
welche still von oben blicken
und zauberhafte Träume schicken.

Menschen

Kostbare Augenblicke

Eine Stunde des Lebens einem anderen schenken,
eine Stunde im Leben kann wunderschön sein.
Eine Stunde im Leben an nichts anderes denken,
wirkt vielleicht wie der Zauber einer Kerze Lichtschein.

Ein Umarmen von Herzen, wirklich frei, ohne Grund,
ein Umarmen von Herzen, ohne jede Absicht,
kann vielleicht Wunder wirken, in manch' schwerer Stund'
und das Dunkel durchbrechen, wie ein heilendes Licht.

Wenn ein Lächeln geschenkt wird, weil es im Herzen lacht.
Wenn ein Lächeln geschenkt wird, federleicht und ganz zart,
kann vielleicht spürbar werden Gottes Liebe und Macht,
die seit Ewigkeit wirken in so göttlicher Art.

Wenn Menschen einander begegnen

Wenn Menschen fröhlich und von Herzen
singen, lachen, lustig scherzen,
sich erzählen aus dem Leben,
eigne Freuden weitergeben,
dann wird jedes Leben reicher

und etwas in den Herzen weicher
und hinterlässt mit leichtem Schwung
ein buntes Bild der Erinnerung.

Wenn Menschen sich mit Herz begegnen,
braucht's kein langes Überlegen,
jeder darf dann in sich schauen,
weil sie einander ganz vertrauen
und dadurch kann vieles geschehn,
denn durch das ehrliche Hinsehn
wird vielleicht in dieser Stund'
sichtbar des Fühlens wahrer Grund.

Wenn Menschen echte Freunde werden,
ist egal wo hier auf Erden
das geschieht, denn was nun zählt
ist, was man als Geschenk erhält
und selbst aufrichtig weitergibt,
weil jedes seinen Freund annimmt,
wie er jetzt ist von Kopf bis Fuß,
da keiner sich beweisen muss.

Wenn Menschen ehrlich anerkennen,
jeder kann vom andern lernen,
wird vielleicht wiederentdeckt,
was in den Menschen auch noch steckt
und mit Freude möchte leben,
statt nur auf der Seit' zu liegen
im Gehetze dieser Zeit:
Es ist die echte Herzlichkeit.

Hände

Hände können grausam sein,
mit einer Macht so unfassbar.
Hände können quälend sein
und Not ausbreiten unsagbar.

Doch Hände können zärtlich sein,
wenn sie mit Liebe angewandt.
Hände können magisch sein
und führen in ein andres Land.

Hände können Brücken sein
dorthin, wo keine Füße gehn,
und Hände können Helfer sein
für jene, die mit Herz verstehn.

Hände können Boten sein
aus einer Welt, die unsichtbar.
Hände können Diener sein
und lindern Schmerzen wunderbar.

Und Hände können segnend sein,
wenn sie geführt durch Gottes Hand.
Ja, Hände können liebend sein
und heilen Herzen und Verstand.

Sinn im Leben

Was ist nur mit uns Menschen los?
Was tun wir mit der Erde bloß?
Wenn ich manchmal Nachrichten schau,
spricht alles meist vom Super Gau.

Zerstörung, wo das Aug' hinsieht,
und täglich immer neu geschieht
Elend, Hunger, große Not
und alles spricht von Krieg und Tod.

Wohin führt wohl die Menschheit sich?
Lässt sie die Welt einfach im Stich?
Wie soll denn das nur weitergehn?
Wer wagt da noch, nach vorn zu sehn?

Ich mach' es wie der Vogel Strauss:
verstecke mich, doch wird daraus
ein Chaos in mir drin entfacht,
und ich find mich in tiefer Nacht.

In dieser stillen Dunkelheit
fühl' ich den Pulsschlag unsrer Zeit,
und in dem Rhythmus liegt die Kraft,
mit der die Schöpfung es auch schafft.

Davon werde ich tief berührt,
geahnt zuvor, doch nun gespürt,
tauche ich auf und frage mich,
was kann dazu beitragen ich?

Auf dem Lebensweg

Wenn Menschen sich streiten,
so Schmerzen bereiten
im Herzen tief drinnen,
oft Tränen dann rinnen.

Wenn Menschen sich trennen,
weil sie klar erkennen,
dass sie zu verschieden
sind einsam geblieben.

Wenn Menschen entscheiden,
nicht stehen zu bleiben
in Schmerz und Ohnmacht,
kann enden die Nacht.

Wenn Menschen annehmen,
dass jeder muss gehen
den eigenen Weg,
ihr Stern neu aufgeht.

Wenn Menschen vergeben,
dann können aufleben
die Herzen erneut
und tun was sie freut.

Mit oder ohne Gott

Wenn Menschen sind in Not,
fragen manche sich: «Wenn Gott
soll wirklich existieren,
warum muss das passieren?»

Sie können nicht verstehn,
wie es kann weitergehn,
und sehen keinen Sinn,
im nicht Wissen wohin.

Verzweifelt, gar mit Wut,
da nichts sichtbar sich tut,
verflucht mancher den Tag,
an dem das Leid eintrat.

Wenn Menschen sind in Not,
rufen manche auch zu Gott:
«Herr, schenk' uns Dein Erbarmen
und Trost in Deinen Armen!»

Sie fragen in die Stille:
«Was ist wohl Gottes Wille?»
Ob's eine Antwort gibt,
die zeigt, dass Gott uns liebt?

Auf Gottes Liebe bauend
und trotz Leid Ihm vertrauend,
finden sie Kraft im Leben
sogar zum Weitergeben.

Gott ist nicht zu ergründen,
obschon es viele wünschen.
Doch frei sind wir in dem,
was wir in Gott selbst sehn.

Es geht uns alle an

Kinder können schrecklich sein.
Ich bin zutiefst entsetzt,
zu hören, wie sie schlagen drein,
egal, wer dann verletzt.

Was bringt 'nen jungen Mensch dazu,
maßlos und zielbewusst,
zu prügeln auf ein andres Du.
Wer hat davon gewusst?

Schmerzvoll kann aber auch schon sein
ein Wort oder ein Blick,
verletzend tief ins Herz hinein.
Wo liegt darin der Kick?

Mit Angst, Entsetzen, gar Ohnmacht
schaun andere stumm zu.
Oder haben sie heimlich gelacht?
Sind Mittäter im Nu.

Das Grauenhafte ist daran,
dass Kinder dieses tun.
Deshalb sprech' ich euch alle an:
Was machen wir bloß nun?

Wie können wir beim Lebensboot
die Fahrtrichtung bestimmen?
Wie bringen wir's zurück ins Lot?
Die Führung kommt von innen.

Denn Kinder sind wie ein Geschenk
uns Eltern anvertraut.
An diese Aufgab' jeder denk'
und stets mutig hinschaut.

Für alle Mädchen

Es gibt sehr viel Elend auf unserer Welt,
man liest ständig drüber, 's wird täglich erzählt.
Doch heut' wurd` beschrieben und traf mich ins Herz,
wie Mädchen erleben ganz schrecklichen Schmerz,
durch eine Beschneidung in einem Ritual.
Unendlich muss sein diese grausame Qual.
Davon hatte ich bereits öfters gehört,
und bin stets aufs Neue darüber empört.

Aber diesmal hat' es mich noch mehr aufgewühlt.
Empfindungen, die ich zuvor nie gefühlt.
Ich sah ihre Augen und ahnte das Leid.

Es war nicht verdrängbar, ich wusste Bescheid,
denn ich hörte lachen vor Freud' unser Kind,
und spürte erneut, wie beschenkt wir doch sind
mit unserer Tochter. Ein Wunder ist sie –
genau wie das Leben – vergessen wir 's nie!

Ein Mädchen beschneiden heißt einzig: zu quälen!
Und keiner soll kommen und sachlich erklären,
dass diese Tradition einen Nutzen gar hat.
Nein, heut' haben viele dies Handeln so satt.
Deshalb unterstütze auch ich wieder die,
welche sich einsetzen, dass Mädchen wie sie
ein Leben in Würde und Freude erhalten
und als freie Menschen ihr Dasein entfalten.

Maria

3. Strophe

Du, die mit dem ganzen Leben
zeigtest, was es heißt zu geben.
Du, die Liebe wahrhaft lebte
voll Vertrau'n am Nächsten pflegte.
Refrain

4. Strophe

Du, die Mutter von uns allen
fängst uns auf, wenn wir hinfallen
Du, die mir auch heut' und hier
zur Seite steht. Ich danke Dir!
Refrain

Wie war es wohl zu jener Zeit?

Wie war es wohl für eine Frau,
die ohne Mann wusst' doch genau,
dass sie ein kleines Kind bekam?
Was sie dann alles auf sich nahm?

Wie war es wohl für einen Mann,
wenn er wusste von Anfang an,
dass er gar nicht der Vater war
des Kindes, das die Frau gebar?

Wie war es wohl für dieses Kind,
das merkte, dass etwas nicht stimmt
in der Familie, wo es war?
Denn viele schauten sonderbar.

Wie war es wohl für Eltern, die
erlebten, durch ihren Sohn würd' nie
die Tradition mal weiter gehn,
und wenige nur ihn verstehn?

Wie war es wohl für jene Frau,
die wusste seit Geburt genau,
dass ihr Sohn wird ein König sein?
Erahnte sie auch ihre Pein?

Wie war es wohl zu jener Zeit,
von der die Bibel heut' noch schreibt,
das Leben dieser Menschen dort,
an jenem ganz besondren Ort?

Fragen

Fragen

Was geschieht, wenn Kinder keine Träume mehr haben?
Was geschieht, wenn Blumen nur auf Gräber getragen?
Was geschieht, wenn Delfine am Strand plötzlich liegen?
Was geschieht, wenn das Gute am End' nicht wird siegen?

Wie wichtig ist Zeit, wenn ein Mensch im Herz weint?
Wie wertvoll ist Geld, wenn der Urwald stumm schreit?
Wie lang dauert Leben ohne Wasser und Licht?
Wie geht wohl zu Ende der Schöpfung Geschicht'?

Warum können Wunder manchmal nicht geschehen?
Warum können Menschen sich oft nicht verstehen?
Warum können Wunden im Herz lang nicht heilen?
Warum können manche trotz Trauer nicht weinen?

Wann machen Soldaten beim Krieg nicht mehr mit?
Wann endet die Gier nach nur eig'nem Profit?
Wann findet die Menschheit zur Herzlichkeit hin?
Wann kann jedes Kind fröhlich sagen: «Ich bin!»

Wenn die Liebe des Schöpfers auf Erden darf wohnen,
wird sie unsere Herzen mit Freude belohnen.
Wenn der göttliche Frieden seine Freiheit erhält,
zeigt er unseren Seelen, wo das Glück sich aufhält.

Weißt du …?

Weißt du, dass Gott uns immer liebt
egal, was uns jemals passiert?

Weißt du, dass Gott uns immer liebt
und jederzeit uns neu vergibt?

Weißt du, dass Gott uns immer liebt
und voller Güte uns ansieht?

Weißt du, dass Gott uns immer liebt
und Sein Vertrauen nie aufgibt?

Weißt du, dass Gott uns immer liebt,
und Seine Gnad' kein Ende nimmt?

Weißt du, dass Gott uns immer liebt
und täglich Seinen Segen gibt?

Weißt du, dass Gott uns immer liebt,
und Seine Liebe nie versiegt?

Weißt du, dass Gott uns immer liebt
und wartet, bis jeder Ihn sieht?

Weißt du, weil Gott uns immer liebt,
Sein Frieden in das Herz einzieht?

Weißt du, dass Gott uns immer liebt?
Und spürst du, wie Er auch dich liebt?

Warum? Wofür? Weshalb?

Hast du schon einmal nachgedacht,
wohin dein Handeln dich gebracht?
Wofür dein Dasein heute ist,
und wer du wirklich, wirklich bist?

Hast du schon einmal überlegt,
wofür dein Herz wahrhaftig schlägt?
Warum du hier und nicht dort stehst
und dich gefragt, wohin du gehst?

Es sprach einmal jemand ganz schlicht:
«Hab' keine Angst und sorg' dich nicht,
denn einer nimmt uns immer an:
Ja, Er, der ist seit Anfang an!
Du hast dein ganzes Leben Zeit.
Es geht darum, wann du bereit,
zu wagen deinen nächsten Schritt.
Nimm Gottvertrau'n und Humor mit,
denn was du hast bis heut' getan,
hat dich gemacht zur Frau, zum Mann.
Das ist dein ganzes Potenzial
und glaube mir, es ist genial!
Entdeck' die Kraft, die in dir wohnt.
Ein Wagnis, das sich wirklich lohnt.
Dich gibt's nur einmal auf der Welt.
Du bist mehr wert als alles Geld!»

Die Worte taten mir so gut,
füllten mein Herz mit neuem Mut.

Wie stille Freunde sind sie mir,
und wenn du möchtest auch zu dir.

Wenn …

Wenn ein Herz sich ganz öffnet und wendet zum Licht,
wenn das Strahlen der Sonne die Nacht leis' durchbricht,
wenn ein Menschlein das erste Mal atmet und schreit
sind erlebte Momente wie sie: Ewigkeit.

Durch den Flug eines Adlers, majestätisch und schön,
durch die Anmut einer Katze, vollendet zu sehn,
durch den Herzschlag, einmalig und kraftvoll spürbar,
wird das Wunder des Lebens augenblicklich sichtbar.

Was geschieht mit dem Tag, wenn er zu Ende geht?
Was geschieht mit den Kriegen, die keiner versteht?
Was geschieht mit den Menschen, die leben allein
und traurig sich fragen: «Wieso muss das sein?»

Wer ist hinter dem Warum und Wohin und Wann?
Wer ist nach dem Ende, vor jedem Anfang?
Wer ist ganz im Leben und füllt dieses aus
und liebt es vollständig und drüber hinaus?

Wenn die Ewigkeit anfängt, sind Wunder normal,
wenn die Weisheit darf wirken in allem einmal,
wenn die Schöpfung im Frieden lebt mit Gross und Klein,
werden wir Gottes Liebe erahnen im Sein!

Glaubenssache

Das Leben ist Mysterium
und war's seit Anbeginn.
Doch wer die Frage stellt «Warum?»,
findet wohl keinen Sinn.

Es ist einfach seit Urzeit so,
dass Leben existiert,
und mancher wird sonst nicht mehr froh,
wenn er zu lang studiert.

Die Wissenschaften können zwar
uns viel genau erklären:
Wie es begann und wie's mal war,
da gibt's nichts zu beschweren.

Doch auf die Frage «Und davor,
was existierte da?»,
mancher Experte blickt empor
und räuspert sich «Na ja …».

Denn hier endet auch sein Latein,
da er nicht kann beweisen,
wie es mal war noch vor dem Sein,
trotz vieler Weltraumreisen.

Mich kümmert das schon lang nicht mehr,
weil ich vertrau' darauf,
dass nur der Vater, Gott der Herr,
ganz kennt der Welten Lauf.

Viel lieber geht mein Augenmerk
zu dem, was ich gut kann,
damit auch andere am Werk
sich freu'n, wenn es getan.

Ja, mir genügt das ganz und gar
zu glauben, Gott schenkt Leben,
denn das ist für mich wunderbar.
Wahres Mysterium eben.

Gespräche mit Gott

Ich glaube

Ich glaube, Gott, dass Du uns liebst
und täglich Dein Erbarmen gibst.
Es liegt an uns, dies zu zulassen,
denn Deine Gnad' ist nicht zu fassen.

Ich glaube, Gott, dass Du uns liebst
und niemanden zur Seite schiebst,
der seinen Weg im Leben sucht,
selbst, wenn er fällt vieles verflucht.

Ich glaube, Gott, dass Du uns liebst
und jedem in die Seele siehst,
doch wartest Du, bis unser Herz
wir öffnen Dir, aus Freud', aus Schmerz.

Ich glaube, Gott, dass Du uns liebst.
Dein Sohn für uns der Retter ist,
denn er schenkt durch sein Aufersteh'n
die Hoffnung auf ein Wiedersehn.

Ich glaube, Gott, dass Du uns liebst
und Deinen Geist als Stärkung schickst.
Er ist in uns die sanfte Kraft,
durch die der Mensch viel Gutes schafft.

Ich glaube, Gott, dass Du uns liebst
und Deine Tür ganz offen ist
in Deinem Haus. Du lädst uns ein,
zu jeder Zeit bei Dir zu sein.

Ich glaube, Gott, dass Du mich liebst,
mein Zweifeln, Zaudern mir vergibst
und Ja zu mir sagst, wie ich bin,
und gütig streckst die Hand mir hin.

Ich glaube, Gott, dass es Dich gibt
und Deine Liebe endlich siegt.
In Frieden, Freiheit wird dann sein
die ganze Schöpfung ewig Dein.

Dank

Unendlich groß ist Deine Gnad',
die Du mich lässt erfahren,
egal was ich getan auch hab'
in meinen Lebensjahren.

Wenn ich aus tiefstem Herzensgrund
Dich rufe um Erbarmen,
kann enden jede dunkle Stund',
find' mich in Deinen Armen.

Und alle Wunden heilen dann,
die Narben, sie verblassen.

Ich fange mit mir selbst neu an,
beende mein mich Hassen.

Denn Deine Liebe zeigt klar mir,
das Licht tief im Herz drin,
und darum, Schöpfer, dank' ich Dir.
Du gibst dem Leben Sinn.

Alles was Du gibst

Vertrauensvoll stehe ich hier
vor Dir, weil Du mich liebst.
Von ganzem Herzen dank' ich Dir
für alles, was Du gibst.

Du bist die Nahrung, die ich brauch,
damit ich leben kann.
Bist Luft und Wasser und Licht auch
für mich von Anfang an.

Du schenkst alles bedingungslos,
genauso wie mein Leben.
Die Liebe ist unendlich groß,
die täglich Du willst geben.

Vertrauensvoll steh' ich drum hier
vor Dir, weil Du mich liebst,
und ganzem Herzen dank' ich Dir
für alles, was Du gibst!

An Deinem Tisch

Du hast uns eingeladen
an Deinen Tisch zum Mahl.
Ja, groß ist Deine Gnade,
denn Du lässt uns die Wahl.

Ein jeder darf entscheiden
für sich in seiner Zeit,
ob er will ferne bleiben
oder sich macht bereit.

Du stehst auch mir ganz nah
herzlich und liebevoll.
Bist einfach für mich da
nicht fragend, was das soll.

Obwohl Du kennst die Lösung,
lässt Du mir doch die Zeit,
bis ich finde die Wendung
und bin endlich soweit.

Ja, Du hast eingeladen
auch mich zu Deinem Mahl,
und groß ist Deine Gnade,
denn Du lässt mir die Wahl.

Die Kraft in mir

Gott, Deine Liebe ist für mich
mein Lebenselixier.
Bereits wenn ich nur denk an Dich,
spür' ich Wärme in mir.
Ja, Dein Vertrauen schenkst Du mir
an jedem neuen Tag,
und jederzeit darf ich zu Dir,
egal was ich auch hab'.

Alles, was ich nicht sagen kann:
Du weißt es längstens schon.
Was war, was ist, was ich getan,
Du kennst alles davon.
Und doch vertraust Du weiter mir
und schaust mich liebend an.
Das gibt mir Kraft, dass ich jetzt hier
weiter vorangehn' kann.

Ja, Deine Liebe ist für mich
mein Lebenselixier.
Und wenn ich jetzt denke an Dich,
spür' ich Freude in mir.
Aus dieser Freude schöpfe ich
für all mein Tun den Mut
und sing' befreit und sehr glücklich:
Du tust unendlich gut!

Danke für Dein großes Herz

Ich dank' Dir für Deine Geduld
Dein sanftes mich Begleiten.
Es geht Dir nie um «Wer hat Schuld»,
wenn Zweifel sich ausbreiten.

Ich dank' Dir für den ruhigen Blick
Dein Aushalten im Stillen.
Selbst wenn ich weich' ängstlich zurück,
lässt Du mir meinen Willen.

Ich dank' Dir für Dein bei mir Sein
und liebevolles Bleiben.
Trotzdem weiss ich, dass ich allein
muss schlussendlich entscheiden.

Ich dank' Dir für Dein off'nes Ohr
und großes weites Herz.
Manches ist anders als zuvor,
wenn ich schau' jetzt vorwärts.

Die Welt und wir Menschen

Wie ein Vulkan, wenn er ausbricht,
oder die Kraft, mit der das Licht
den Keim erweckt zum Sprießen,
lässt Du die Quellen fließen.

Du bist Ursprung. Du bist Anfang.
Mit Dir fängt jedes Leben an.
Voll Güte Du es gibst
und zeigst, dass Du uns liebst.

Doch schwer ist es, ein Mensch zu sein,
gestehe ich mir manchmal ein,
wenn ich die Welt anschau',
ganz ehrlich und genau.
Denn Hunger, Not, nackte Gewalt,
verschont werden nicht Jung noch Alt,
geschieht täglich erneut.
Das Elend wächst auch heut'.

Zusätzlich gibt's auf dieser Welt
stets Menschen, welche Macht und Geld
wollen einzig für sich.
Und wie verhalt' ich mich?
Daher sind wir auf dieser Erde
weit entfernt, dass Frieden werde,
könnte es schon heut'.
Wir sind noch nicht bereit.

Drum sende stets uns Deinen Geist,
der wirklich jede Antwort weiss.
Er gibt uns Kraft zum Handeln,
dass sich endlich kann wandeln
der Mensch, und es anbricht die Zeit
für aufrichtige Herzlichkeit,
denn dadurch wird es geben
mehr Lieben und Vergeben.

Gespräch mit Gott

Lieber Gott, ich komm' zu Dir
und möchte mit Dir reden
und erzählen jetzt von mir
und meinem Überlegen.

Ich weiss, unendlich mächtig
ist Deine Gotteskraft,
Dein Wirken stets bedächtig
Unmögliches erschafft.

Und Du schenkst allen täglich
Liebe, die wirklich heilt.
Liebe, so stark und zärtlich,
die Herz und Seel' erfreut.

Doch jetzt ist es notwendig,
dass ich Dir anvertrau',
was ich erlebe ständig,
wenn ich wach um mich schau'.

Darf unbeschwert ich bleiben?
Mein Vater, sag' es mir.
Wenn viele Menschen leiden,
und ich hab' es gut hier?

Denn riesengroßes Elend
gibt es auf dem Planet.
Der Schmerz, das Leid so quälend,
kein Mensch es je versteht.

Wie kann ein Kind nur glauben,
dass Krieg nicht immer war,
wenn Mord und Tod ihm rauben
die Eltern mit fünf Jahr?

Du lehrst mich zu vertrauen,
selbst wenn es sinnlos scheint.
Lehrst mich darauf zu bauen,
dass Jesus uns befreit.

Doch Vater, ich gestehe,
dass mir 's oft nicht gelingt,
wenn ohnmächtig ich sehe,
wie Böses täglich siegt.

Was kann ich schon bewirken
weit weg vom Hungerleid?
Genügt es, Geld zu schicken?
Bin ich dann schon befreit?

Dass diese Welt sich ändern
und besser werden kann,
dafür brauchst Du uns Menschen,
brauchst Du die Frau, den Mann.

Ja, es gibt viele Leute,
die denken auch wie ich.
Menschen, die hier und heute
einsetzen wollen sich.

Drum stärke unsren Glauben
in uns und Deine Kraft,
denn wenn wir darauf bauen,
es auch die Menschheit schafft.

Freiheit

Dir Gott darf ich vertrauen,
denn groß ist Deine Kraft.
Auf Dich darf ich hinschauen,
wenn ich fühl' die Ohnmacht.

So wag' ich Dir zu bringen,
was quält im Innern mich.
Im Herz befreit kann singen
dann nachher wieder ich.

Denn das ist's, was im Leben
der Schöpfung Aufgab' ist:
In Freiheit glücklich leben,
weil Du sie liebend gibst.

Gottes Macht

Die Größe Deiner Macht
zeigst Du durch Deinen Sohn,

der, aus dem Tod erwacht,
betrat neu seinen Thron.

Ja, ewig ist beendet
des Todes letzte Kraft.
Damit hast Du vollendet
das Bildnis Deiner Macht.

Mit Deiner Liebe heilst
und segnest Du, was ist,
und endgültig befreist,
weil Du allmächtig bist.

Unfassbar bleibt Dein Sein
und Deine Herrlichkeit.
Die Schöpfung, sie ist Dein,
in alle Ewigkeit.

Lebenstanz

Zum Tanze lädst Du ein,
bei Mond- und Sonnenschein.
Auch ich bin eingeladen.
Soll ich es wirklich wagen?

Du reichst mir stets die Hand
und führst mich so gewandt
im Reigen meines Lebens,
zur Tonart des Hingebens.

In jeder sanften Drehung
ist Heilen und Vergebung,
und Frieden kehrt dann ein
tief in mein Herz hinein.

Vollkommen ist Dein Führen.
Die Wärme im Berühren
durchdringt mich wie ein Licht.
Mein starres Ich zerbricht.

Ich fühl' mich neu geboren,
hab' alle Angst verloren
und gebe mich nun ganz
in meinen Lebenstanz.

Ja, Du lädst uns zum Tanzen
jedes mit seinem ganzen
einmaligen Menschsein.
Du lässt Dich auf uns ein.

Meine Lebensfülle ist der Herr

Mein Herr, völlig offen steh' ich vor Dir da,
berührt und tief dankbar, denn Du sagst stets Ja
zu mir, ganz egal wo im Leben ich bin.
Begleitest mich immer und überall hin.

Du siehst mich, mein Schöpfer, wie ich wirklich bin.
Ich kann nichts verbergen, es hat keinen Sinn.

Du lächelst mir zu, mit geöffneten Armen,
empfängst mich mit Güte und Deinem Erbarmen.

Mein Gott, ich entdecke die Leere in mir.
Ich bitte Dich, fülle sie ganz aus mit Dir,
denn mit Deiner Liebe kehrt Frieden sanft ein
ins Herz, und erhellt es mit göttlichem Schein.

Komm' lehre mich, endlich in Liebe zu leben
und mich wirklich aufrichtig selbst anzunehmen,
dann kann ich Ja sagen zu meinem Menschsein
vollständig und frei: Ich darf einfach sein!

Mein Herr, völlig offen steh' ich vor Dir da,
erfüllt ist mein Herz, denn Du sagst stets Ja
zu mir, voll Vertrauen, weil Du mich ganz liebst
und täglich die Freiheit von Neuem mir gibst.

Freude und Dank

Wie kann ich Dank darbringen,
Dir, Gott, jemals dafür?
Ja, laut möchte ich singen,
denn unser Kind ist hier.

Es scheint mir wie ein Wunder,
ein jeder Morgen neu,
wenn es vergnügt und munter

erwacht – wie ich mich freu!
So zart sind ihre Händchen
und hübsch der kleine Mund.
Ja, Freud' macht unser Mädchen,
unzählig viele Stund'.

Der Blick mit ihren Augen,
ein Funkeln wie Kristall.
Ich kann mein Glück kaum glauben,
es ist fast eine Qual.
Gleich honigsüssen Schmerzen
fühlt sich die Liebe an
tief drin in meinem Herzen.
Dankbar, was Du getan.
Von nun an wird's im Leben
einen besondren Schatz
für immer bei mir geben:
s' ist unser kleiner Spatz.

Der Weg, den sie wird gehen,
ist unbekannt auch mir.
Ich kann nur weitergeben,
mein Lieben täglich ihr
und stets darauf vertrauen,
dass sie begleitet ist,
und Deine Engel schauen,
weil Du, Gott Vater bist.

So will ich Dank Dir bringen,
mit allem was ich kann

und mit dem Herzen singen,
was Großes Du getan.

Preise den Herrn

Mein Schöpfer, das bist Du,
vom ersten Augenblick,
und einmal wirst dann Du
mich rufen sanft zurück.

Jetzt ist mein ganzes Leben
und alle Zeit darin,
von Dir mir frei gegeben,
zu finden meinen Sinn.

Du lässt mir die Entscheidung,
drängst Dich nie auf dabei,
ob stets Deine Begleitung
in meinem Leben sei.

Auch heute blickt Dein Auge
liebend in mich hinein,
selbst, wenn ich mich im Glauben
oft fühle winzig klein.

Du, Vater, schenkst mir Segen
mit Gnad' und großer Güte.
Du kannst mein Herz bewegen
und bringen ganz zur Blüte.

Nur staunen kann ich immer
und preisen mit Gesang,
Dich höchsten Gott im Himmel.
Du warst vor dem Anfang.

Zu Dir

Ich möcht', dass Herz und Seele
jubeln, oh Gott in mir
und ich spür', dass nichts fehlet
auf meinem Weg zu Dir.

Doch Sorgen schleichen sich
im Herz ein unbemerkt.
Mutlos bin plötzlich ich.
Die Angst ist neu geweckt.

In diesen dunklen Stunden
auf meinem Weg zu Dir,
bleibst Du, Gott, doch verbunden
ganz wunderbar mit mir.

Die Kraft aus Deiner Liebe
belebt und stärkt mein Herz
und macht, dass ich verliere
die Angst vor dem Vorwärts.

Denn Du schenkst Dein Vertrauen
mir täglich ohne Frag',
das lässt mich neu aufschauen
und schreiten in den Tag.

So jubeln Herz und Seele,
oh Gott, jetzt hell in mir,
denn ich spür', dass nichts fehlet
auf meinem Weg zu Dir.

Liebe

Zeichen der Liebe

Die Zeichen der Liebe sind oftmals verschieden,
doch alle sind stets von der Kraft angetrieben,
die tief in den Herzen der Menschen still wohnt.
Die Kraft, welche direkt aus Gottes Herz kommt.

Mit Zeichen der Liebe wird deutlich spürbar
das göttliche Wirken im Mensch wunderbar.
Und wenn sie geschehen, kann heilen das Herz
und endlich loslassen erfahrenen Schmerz.

Durch Zeichen der Liebe ein Mensch neu erblüht,
dass manchmal im Alltag ein Wunder geschieht,
das keiner erwartet, weil's nicht geplant war.
Und darin wird neu Gottes Wirken sichtbar.

Dank Zeichen der Liebe wird unser Da-Sein
erhellt, wie die Nacht durch den gold'nen Mondschein
und sind uns Geschenke – wertvoll jedes Stück,
denn sie sind Hinweise aufs ewige Glück.

Einsamkeit und Gottes Liebe

Einsamkeit kommt zu mir heim,
wenn keiner da ist, nur ich allein.

Einsamkeit tröstet mich sacht,
wenn ich wieder wach lieg' in der Nacht.

Einsamkeit umarmt dann mich,
wenn niemand mir sagt: Ich liebe dich.

Einsamkeit versteht mich auch,
wenn Wut oder Angst wüten im Bauch.

Einsamkeit ist nah bei mir,
wenn zu viel wird das Jetzt und Hier.

Da spricht die Einsamkeit zu mir:
«Es ist noch jemand da bei dir.»
Und wirklich stand die ganze Zeit
die Liebe Gottes schon bereit.

Ja:
Gottes Liebe kommt zu mir heim,
wenn keiner da ist, nur ich allein.

Gottes Liebe tröstet mich sacht,
wenn ich einmal wach lieg' in der Nacht.

Gottes Liebe umarmt dann mich,
wenn niemand mir sagt: Ich liebe dich.

Gottes Liebe versteht mich auch,
wenn Wut oder Angst wüten im Bauch.

Gottes Liebe ist nahe bei mir,
wenn zu viel wird das Jetzt und Hier.

Das gibt mir Mut, neues Vertrauen
und lässt mich auch vorne schauen,
wenn ich mal zweifle und verzag'.
Gottes Liebe ist bei mir an jedem Tag!

Gottes Liebe im Leben

Gottes Liebe ist in mir.
Gottes Liebe ist in dir.
Gottes Liebe ist vollkommen.
Sie hat uns angenommen,
genauso wie wir sind.
Ein jedes ist Ihr Kind.

Gottes Liebe ist stets da.
Gottes Liebe sagt stets Ja.
Gottes Liebe will nicht binden.
Gottes Liebe hilft überwinden:
Schmerz, Hass und jede Wut,
bis gar nichts mehr weh tut.

Gottes Liebe ist das Licht.
Gottes Liebe endet nicht.

Gottes Liebe heilt von innen.
Gottes Liebe lässt beginnen
fortwährend Leben neu,
auf dass es sich erfreu'.

Gottes Liebe ist in mir.
Gottes Liebe ist in dir.
Gottes Liebe ist vollkommen.
Alle sind angenommen,
und deshalb sind wir frei.
Gottes Liebe ist dabei.

Begleitung auf dem Lebensweg

Das Leben – ein Wagnis,
so fühl' ich's im Herz.
Tagtäglich Erlebnis
mit Freude und Schmerz.

Doch schon seit Beginn
meines Lebens ist da
ganz tief in mir drin
eine Kraft, die sagt Ja.

Die göttliche Liebe
ist immer mit mir,
selbst, wenn ich verliere
den Mut in mein Hier.

Dann ist sie die Führung,
die Stütze und Kraft.
Durch ihre Berührung
Vertrau'n neu erwacht.

Dadurch geh' ich weiter
gestärkt frisch voran.
Gott ist mein Begleiter,
mit Ihm ich es kann.

Gottes ewige Liebe

Gottes Liebe ist vollkommen,
denn Sie kommt vom Herrn.
Gottes Liebe heißt Willkommen,
alle, von Nah' und Fern'.

Gottes Liebe ist die Erde,
die uns trägt und speist.
Gottes Liebe ist der Hirte,
der den Weg uns weist.

Gottes Liebe ist die Quelle,
die täglich uns erquickt.
Gottes Liebe führt zur Stelle,
die kein Aug' erblickt.

Gottes Liebe ist das Feuer,
wärmt Seele und Herz.
Gottes Liebe ist voll Treue,
führt uns stets vorwärts.

Gottes Liebe ist der Atem,
welcher uns belebt.
Gottes Liebe ist ein Garten,
blühend und gepflegt.

Gottes Liebe ist das Leben
und erweckt es sanft.
Gottes Liebe wird gegeben,
aus des Schöpfers Hand.

Gottes Liebe ist voll Freude
überschäumend groß.
Gottes Liebe ist im Heute,
lässt uns niemals los.

Gottes Liebe ist unendlich,
nichts ist je wie Sie.
Gottes Liebe ist ganz zärtlich,
und Sie endet nie.

Gottes Liebe ist die Weisheit
tief im Herzen drin.
Gottes Liebe schenkt uns Freiheit,
ist des Lebens Sinn.

Ja, Gottes Liebe währet ewig,
wie nur Sie es kann,
denn Gottes Liebe ist allmächtig,
schon vor dem Anfang.

Ewigkeit

Hinter allem steht die Liebe,
mit Ihrer ganzen Kraft.
Ja, Gottes große Liebe,
die alles möglich macht.
Durch Sie beginnt das Werden,
und sei es noch so klein,
und bleibt da bis zum Sterben.
So wird es ewig sein.

Ob Menschen, Tiere, Pflanzen,
selbst lebloses Gestein,
wir alle dürfen tanzen,
denn Sie wird immer sein.
Doch oft vergessen wir hier,
im täglichen Wirrwarr,
zu schau'n vom Herz her zu Ihr
und werden innen starr.

Und dann wird es unmöglich
zu leben ganz im Fluss,
selbst, wenn wir uns tagtäglich
einreden: „Welch Genuss

hab' ich mit all den Dingen,
die ich mir leisten kann!"
Es bleibt ein mit sich Ringen,
für Frau oder auch Mann.

Was ich dir hier erzähle,
erleb' ich selber oft,
wenn ich wieder verfehle
den Fokus unverhofft.
Und doch hat das im Leben
bestimmt auch einen Sinn,
denn es ist nichts vergeben.
Ich darf sein, wie ich bin.

Denn:
Hinter allem steht die Liebe,
mit Ihrer ganzen Kraft.
Ja, Gottes große Liebe,
Die alles möglich macht.
Durch Sie beginnt das Werden,
von Groß und auch ganz Klein
und bleibt auch nach dem Sterben,
denn Sie wird ewig sein.

Trauer

Alles braucht seine Zeit

Es wird stets anders bleiben,
wenn jene von uns scheiden,
die unsrem Herzen nah.
Es wird viel Zeit vergehen
und mancher nie verstehen,
warum sie nicht mehr da.

Den Schmerz kann niemand nehmen,
doch wird es Menschen geben,
die uns zur Seite stehn,
und oftmals still und sanft
beim Halten unsrer Hand,
uns ohne Wort verstehn.

Die Trauer tief im Innern
wird uns daran erinnern:
Das Leben ist kostbar.
Die Bilder werden bleiben
und uns immer aufzeigen,
wie bunt das Hiersein war.

Wie wir dann weitermachen,
wann wir zurück zum Lachen
finden den Weg erneut,

oder im Kummer bleiben,
wird jeder selbst entscheiden.
Das muss nicht sein schon heut'.

Denn auch ich brauche Zeit,
bis ich bin neu bereit,
und vorwärtsgehen kann.
Und bis ich soweit bin,
macht dieses Warten Sinn:
Gott schaut mich liebend an.

Und dann …?

Die Zeit ist ganz vollendet
nach dem letzten Atemzug.
Die Seele sich hinwendet
zum Licht. War Zeit genug?

Zurück wir andern bleiben,
im Herzen manchmal schwach,
denn keiner kann vermeiden,
die leere Zeit danach.

Wie lange wird sie dauern,
diese zeitlose Zeit?
Wie lange währt das Trauern,
wo kein Sinn ist griffbereit?

Doch ist es wirklich richtig,
dass sinnlos scheint die Zeit?
Vielleicht ist sie so wichtig,
dass heilen kann das Leid?

Dann können jene Stunden,
wo leise das Herz weint,
werden zum Lebensfunken,
der uns erneut befreit.

Und dies ist wie ein Anfang
für alle, die hier sind,
gleich einem Sonnenaufgang,
der neu den Morgen bringt.

Verlust

Wenn eine Mutter ihr Kind verliert,
ein Teil in ihrem Herz gefriert,
und das geschieht vielleicht ganz still,
auch wenn sie es bestimmt nicht will.

«Warum konnte nicht ich es sein?»,
wird sie verzweifelt nachts stumm schrei'n.
«Warum ließ Gott einfach geschehn,
dass mein Kind musste vor mir gehn?»

Wird sie zerbrechen wie ein Zweig,
weil ihr zu schwer das Herzeleid?

Wie lang wird ihre Uhr still stehn,
sie keinen Sinn im Leben sehn?

Wenn eine Mutter ihr Kind verliert,
stirbt sie kurz mit, wenn es passiert,
doch dann muss sie im Leben bleiben.
Wie schwer fällt ihr wohl dies Entscheiden?

Kann ihre Trauer jemals enden?
Wird sie einmal mit ihren Händen
wieder klatschen laut vor Freud?
Wann ist vorbei ihr großes Leid?

Der Schöpfer kennt den Sinn allein,
doch ist es schwer ein Mensch zu sein,
denn Zukunft nicht mehr existiert,
wenn eine Mutter ihr Kind verliert.

Prüfungen im Leben

Heut musst' ein Mann sein Leben
am Arbeitsplatz aufgeben.
Warum musst' das geschehn?
War's wirklich Zeit zu gehn?

Was taten Himmelswesen?
Wo sind sie wohl gewesen,
als dieses Leid geschah?
War eines ihm ganz nah?

Die Herzenslast so schwer.
Der Lebenssinn jetzt leer.
Dein Wille soll geschehn,
selbst, wenn solch' Not zu sehn?

Wir bitten um Begleiten,
denn er wird nun durchschreiten
die letzte Lebensnacht.
Ob einer mit ihm wacht?

Ja, hilf' in diesen Tagen,
dass Weinen oder Klagen
vielleicht erleichtern kann
den Abschied. Und was dann?

Trauer

Gerissen aus der inn'ren Ruh
und tief verletzt kamst heute du
mit deiner Herzenslast zu mir.
Was soll ich dazu sagen dir?

Ein Scherbenhaufen liegt vor dir.
Du fragst: «Warum passiert das mir?»
Unfähig bist du, nun zu sehn,
wie es für dich soll weitergehn.

Was jetzt unmöglich dir erscheint
braucht Zeit, bis wirklich abgeheilt,

was ganz in dir zerschmettert ist,
selbst, wenn du es niemals vergisst.

Die Trauer ist wie ein Gewand,
nicht leicht zu nehmen in die Hand.
Doch wird vielleicht genau dies Kleid,
dir helfen in der schweren Zeit.

Und wenn du es ablegen kannst,
beginnt ein neuer Lebenstanz
für dich, denn du bist wieder frei
und diese Prüfungszeit vorbei.

Zeit

Und wieder ist die Trauer da,
sie kam ganz leis' und sacht.
Und wieder sind die Bilder nah,
gescheh'n in jener Nacht.
Gefühle sind nun auf der Spur,
zu meines Herzens Grunde.
Ganz vorsichtig und zögernd nur
berühre ich die Wunde.

Und jetzt fühl' ich erneut wie's war,
das Atmen fällt mir schwer.
So viel erlebt durch all' die Jahr' …
Der Abschied schmerzt mich sehr.

Warum musste es jetzt schon sein,
wieso auf diese Weise?
Weshalb blieb ich zurück allein?
Die Tränen fließen leise.

Die Zeit vergeht und alles schweigt.
Ich find' zurück zur Ruh,
ganz langsam zart ein Klang aufsteigt,
den ausgesandt hast du.

Da sehe ich dich vor mir stehn,
im Licht und wunderschön,
und nun kann ich im Herz verstehn:
Es war Zeit heimzugehn
dorthin, wo Licht und Liebe sind,
Glück und Vollkommenheit.
Wo jeder sich vollständig findet
und lebt in Ewigkeit.

Ende und Neuanfang

Mein Hoffen hat ein Ende,
das muss ich jetzt gestehn.
Es bleiben leer die Hände.
Leider ist nichts geschehn.

Mein Wunsch nach diesem Kinde
blieb wieder unerfüllt.

Gleich einem Blatt im Winde
hilflos mein Herz sich fühlt.

Unfähig anzunehmen,
was mir das Leben zeigt,
versuch' ich's abzulehnen.
Am Schluss die Tatsach' bleibt.

Die Trauer kommt ganz leise,
schaut mich mit Wärme an,
wiegt mich in sanfter Weise
und spürt, was muss getan.

Schmerzvoll ist dies Loslassen,
denn fest hielt ich sehr lange,
den Traum, der nicht zu fassen.
Tränen sind auf der Wange.

Die Wut, der Schmerz, die Trauer
vergehn, doch brauch' ich Zeit.
Nur langsam weicht die Mauer.
Erst dann bin ich bereit.

Bereit weiterzugehen
auf meinem Lebenspfad,
und dann wird wieder drehen
sich froh mein Lebensrad.

Abschied

Liebevoller Abschied

Du bist von uns gegangen
so plötzlich und ganz leis'.
Mit Liebe wirst du empfangen,
von Ihm, der alles weiss.

Für dich ist jetzt vollkommen
dein buntes Lebensbuch.
Du hast damit begonnen,
wonach ich stets noch such'.

Vorbei die vielen Stunden,
erfüllt mit so viel Freud'.
Dadurch bleiben verbunden
wir nun im Herzeleid.

Ein jeder Augenblick,
gefüllt mit Kostbarkeit,
kommt niemals mehr zurück.
Es bleibt die Endlichkeit.

Sie gilt es auszuhalten,
zu füllen neu mit Sinn,
mein Leben zu gestalten,
weil ich noch stets hier bin.

Denn du bist schon gegangen
so plötzlich und ganz leis',
zu Ihm, der dich empfangen,
herzlich Willkommen heißt.

Verbundenheit

Geliebte Menschen aufzugeben,
weil vollendet deren Leben,
das fällt oft unsagbar schwer,
denn dieser Abschied schmerzt so sehr.

Blieb die Zeit, endlich zu sagen,
welches noch im Herz getragen?
War beim letzten Mal auch möglich,
ein Umarmen warm und herzlich?

Wo gehn sie hin, an welchen Ort?
Und bleiben sie wohl ewig fort
und lassen uns allein zurück?
Muss fehlen jetzt ein Lebensstück?

Ich horche lang in mich hinein
und spür' aufsteigen sanft ein Nein.
Es muss nicht sein, ein Abgetrennt,
selbst, wenn niemand den Ort schon kennt.

Es gibt 'ne Brücke in uns drin.
Durch diese kommen wir dorthin,

so leicht und sanft wie Sommerwind,
der streichelt zart ein kleines Kind.

Es ist die Liebe zwischen uns,
denn sie bewahrt den Herzenswunsch
von uns, einander nah zu sein.
In meinem Herz kehrt Frieden ein.

Nun lache ich und weine leis'
und bin dankbar, weil ich jetzt weiss,
dass wir verbunden bleiben werden,
im Himmel oben und auf Erden.

In Gottes Licht und Herrlichkeit

Wenn eine Seel' sich macht bereit,
weil sie klar fühlt, nun kommt die Zeit,
in der sie auf die Reis' wird gehn,
um Gottes Herrlichkeit zu sehn.

Erst blickt sie noch einmal zurück
auf Misserfolg und jedes Glück,
betrachtet es und spürt zuletzt
ihr Lebensbuch ist fertig jetzt.

All' jene, die in solcher Zeit
sich ebenfalls machen bereit,
um loszulassen was da war,
erleben sie als sehr kostbar.

Begegnungen erst nebenbei
werden berührend und sind frei
von allem, was unwichtig ist.
Momente, die man nie vergisst.

Ein Wort zuvor niemals gesagt,
Umarmungen endlich gewagt …
bewusst ein jeder Augenblick,
denn keiner kehrt jemals zurück.

Dies miteinander nahe Sein
hüllt liebevoll die Herzen ein
mit einem Licht, vollendet sanft,
genau wie eines Engels Hand.

Gar reich beschenkt wird jedes Herz,
und trotzdem bleibt ein stiller Schmerz,
doch jeder hofft, dass nach dem Geh'n,
sie eines Tags sich wieder sehn.

Und dann ist es endlich soweit.
Die Seele tritt durch 's Tor der Zeit,
wo Gottes Licht und Herrlichkeit
und Liebe sind in Ewigkeit.

Verzeihen

Vergebung

Wir stehen vor dem Aus,
alles scheint zu zerfallen.
Wollt' ich zu hoch hinaus
und muss deshalb nun fallen?

Es wird nicht mehr gelacht,
alles ist nur noch schwer.
Und wenn vorbei die Nacht
bleiben die Augen leer.

«Nein!», schreit es laut in mir,
«das wollen wir doch nicht!».
Ohnmächtig merken wir,
wie alles ganz zerbricht.

War's wert, was ich jetzt weiss?
Ach, Herr, ich hadere sehr.
Es ist ein hoher Preis,
zu zahlen fällt so schwer.

So lehre mich vergeben,
wie Du es tust, oh Gott,
uns beiden um zu leben,
und enden kann die Not.

Einander verzeihen

Verzeih', wenn ich dir wehgetan,
ohne zu merken, schon so lang.

Verzeih', dass ich dich hab' bedrängt
und oft an Fehlern aufgehängt.

Verzeih', dass ich nicht hab' erkannt,
wenn du bereits standst an der Wand.

Verzeih', dass ich zu ängstlich war,
mich dir verschloss, so manches Jahr.

Verzeih', dass ich verheimlicht hab',
was wirklich mir am Herzen lag.

Verzeih', wenn ich dich ausgelacht,
mich lustig über dich gemacht.

Verzeih', wenn ich nicht lockerließ,
in meine Meinung mich festbiss.

Verzeih', wenn ich nicht merken wollt',
dass ich in Ruh' dich lassen sollt.

Verzeih', wenn ich erst spät sah ein,
dass meine Worte oft gemein.

Verzeih' im Herzen ich auch dir?
Und wann verzeih' ich endlich mir?

Verzeihen und Vergeben

Verzeihen und Vergeben,
wie leicht spricht man dies aus,
doch sollt' ich's tun im Leben,
kommt's manchmal schief heraus.

Es reicht nicht, wenn mit Willen
die Handlung ich vollzieh'.
So oft ich mir im Stillen
gesteh', dass nichts geschieht.

Beginn' ich zu begreifen,
es braucht mich ganz, damit
in meinem Herz kann reifen,
die Einsicht zu dem Schritt.

Und der geschieht ganz leis'
ohne viel Ah und Oh.
doch plötzlich ich dann weiss,
dass es ist einfach so.

Und nun wird die Begegnung
viel sanfter, denn ich spür'
im Herzen die Vergebung
und bin endlich am Ziel.

Am Ziel und Neuanfang,
weil ich jetzt neu beginn,
den Weg, wie ich es kann,
und wie ich heute bin.

Zeit

Vertrauen in die Zeit

Alles geschieht zur rechten Zeit,
's hat immer einen Sinn.
Nur bin ich nicht stets gleich bereit,
zu fügen mich darin.
Wachsen und Reifen brauchen Zeit,
da hilft kein Zieh'n und Drängen.
Sagt nur der Kopf «Ich bin bereit!»,
wird es ein Müh'n und Zwängen.

Doch wenn ich meinem Herzen trau',
weil es mit mir will sprechen
und auch mit seinen Augen schau',
wird möglich ein Aufbrechen.
Denn es besitzt die Fähigkeit,
die Seele ist sein Lehrer,
zur Liebe, und auch die Weisheit
zu lernen, aus 'nem Fehler.

Alles geschieht zur rechten Zeit,
das ahnte ich schon lang.
Jedoch erst jetzt bin ich bereit,
zu wagen ohne Zwang
den nächsten Schritt im Leben,
weil ich spür' in mir drin:

Es wird sich schon ergeben,
denn alles hat einen Sinn.

In den dunklen Tagen des Lebens

Wenn Trauer im Herzen das Leben betrübt,
weil von uns gegangen, wen wir so geliebt,
dann strahlen am Himmel des Lebens nicht mehr
die Sterne der Freude, und alles wird schwer.

Wenn Kummer im Herzen das Leben bedrückt,
und man trotz des Atmens beinahe erstickt,
dann wärmt selbst die Sonne am Himmel nicht mehr
und alles wirkt eisig und dunkel und leer.

Wenn Angst vor dem Morgen das Heute bedroht
und gleich einem Sturme das Herz bringt in Not,
dann scheint jedes rettende Ufer weit weg,
und Wellen der Panik verstärken den Schreck.

Ja, in diesen Tagen scheint nirgends zu sein
ein Ende des Tunnels. Man fühlt sich allein,
selbst, wenn viele Menschen tagtäglich da sind,
denn durch seine Not ist der Mensch dafür blind.

Und doch sind in dieser Zeit immer ganz nah,
die Liebe, das Licht und sagen klar: «Ja,
wir sind hier bei dir, auch in diesem Moment,
wo keiner uns sieht oder wirklich erkennt.»

Und das ist für mich einfach aufrichtig wahr,
unglaublich großartig und schlicht wunderbar!
Denn oftmals spür' ich eine Ohnmacht in mir,
weil ich nicht kann ändern, was ich erleb' hier.

Doch ich glaube, ganz egal wo wir auch gehn,
wir sind nie alleine, weil sie zu uns stehn,
die Kräfte des Lebens: Die Liebe, das Licht.
Wir dürfen vertrauen, dass wir scheitern nicht!

Jahreszeiten des Lebens

Im Herbste des Lebens verändert sich viel.
Zenit überschritten. Es geht hin zum Ziel.
Zurück zu dem Ursprung, wo alles kommt her.
Zum Hause des Vaters, denn dort wartet Er.

Ob Kind oder Greis, seine Zeit ist gegeben
bis einmal wird kommen der Abschluss im Leben.
Dann bleiben auch Frühling und Sommer zurück.
Im Buche des Lebens steht der Augenblick.

Für jene die bleiben, heißt 's dann überwinden
die Schmerzen des Trauerns wie eisigen Winter.
Wie lang wird er dauern? Wann kann wieder neu
das Herz endlich lachen und atmen ganz frei?

Zeit geben zum Heilen macht uns wieder offen
für Glauben, Vertrauen und aufrichtig Hoffen,

dass alles schlussendlich dem Ursprung zu geht.
Zum Hause des Vaters, dorthin, wo Er steht.

Keiner kennt die Zeit

Keiner kennt die Zeit,
die ihm ist hier geschenkt.
Keiner weiss die Zeit,
nur Er, der alles lenkt.

Aus Gottes Hand erhalten
hat jeder manch' Talent,
um s'Leben zu gestalten.
Ob er sie auch erkennt?

Gar oft leb' ich mein Leben
in Selbstverständlichkeit,
dabei ist's mir gegeben,
wie eine Kostbarkeit.

Doch wenn ich mich besinne,
dass Lieben und Vergeben
zählen, und neu beginne?
Wie herrlich wird mein Leben!

Denn ich kenn' nicht die Zeit,
die mir ist hier geschenkt.
Nein, ich weiss nicht die Zeit,
nur Er, der alles lenkt.

In ein neues Jahr

Ein neues Jahr fängt heute an.
Hast du es auch gehört?
Und dir gesagt: Von heute an …
Vielleicht sogar beschwört?
«Ein neues Jahr – ein neues Glück!»
So sagt es der Volksmund.
Und: «Was vorbei, kehrt nicht zurück,
niemals zu keiner Stund'».

Nachdenklich überleg' ich nun
aufrichtig, wie ich kann:
Was brauche ich? Was soll ich tun?
Was fang' ich heute an?
Beginne ich mit etwas neu?
Wenn ja, was könnt' es sein?
Fitness? Yoga? frag' ich mich scheu.
Da fällt mir etwas ein.

Denn ganz egal, was ich beginn',
beend' oder entscheid',
was zählt, ist stets der neue Sinn
und meine Lebensfreud'.
Und darum start' ich jetzt mein Jahr,
zwar ohne Eidesschwur,
doch bin ich neu dem Leben klar
und freudig auf der Spur.

Tage des Herrn

Besondere Zeit

Schon bald naht wieder diese Zeit,
in der es draußen herrlich schneit,
und alle Kinder freuen sich.
Wie ist die weiße Pracht für dich?

Schon bald naht wieder diese Zeit,
in der manch' Kind die Liste schreibt,
auf der die Wünsche stehen dann.
Glaubst du, es gibt den Weihnachtsmann?

Schon bald naht wieder diese Zeit,
in der für viele s'ist so weit,
dass Stress den Alltag ausfüllt ganz.
Wo bleibt für sie der Weihnachtsglanz?

Schon bald naht wieder diese Zeit,
in der mancher sich macht bereit
im Haus und auch im Herzen drin.
Ist das vielleicht der Weihnachtssinn?

Schon bald naht wieder diese Zeit,
in der die ganze Christenheit
von Neuem feiert jene Nacht,
die alles anders hat gemacht.

Ich wünsche dir, dass diese Zeit,
in der es draußen herrlich schneit,
dein Herz erfreut, weil du erkennst,
was Gott mit Weihnachten dir schenkt.

Im Advent

Ein neues Kirchenjahr beginnt,
und mancher Mensch sich nun besinnt,
was es bedeutet, Christ zu sein,
denn Jesus kam als Kind ganz klein.

Er war geworden Mensch für uns,
erfüllte damit Gottes Wunsch
und zeigte uns mit seinem Leben,
wie Gott liebt und stets will geben.

So frag' ich mich beim Kerzenlicht,
welches die Dunkelheit durchbricht:
Wo stehe ich in meinem Sein?
Lass' ich dies Kind in mein Herz ein?

Hör' ich, wenn es bei mir anklopft,
vielleicht ganz leis' und unverhofft?
Und schenke ich mir selbst auch Zeit
für Stille und Gemütlichkeit?

Denn jetzt beginnt die neue Zeit,
und deshalb mach' ich mich bereit

und sag' mit Freud' im Herzen dir:
Die Weihnachtszeit ist wieder hier!

Der Weihnachtsstern

Der Weihnachtsstern so schön und klar
erstrahlt des Nachts gar wunderbar.
Ein jeder kann ihn deutlich sehn,
und wer ihm zuhört auch verstehn.

Der Stern verkündet still das eine:
«Ein Mensch ist nie' im Herz alleine,
selbst, wenn alles nur dunkel scheint,
denn Gott schenkt Liebe, die befreit!»

Und dann leuchtet er voller Freud,
damit es heller werde heut'
in aller Menschen Herzen drin,
und somit wahr der Weihnachtssinn.

Ostern

Weil Jesus auf die Erde kam
als kleines schwaches Kind,
und auch das Kreuz ganz auf sich nahm,
wir nun gerettet sind.

Ja, durch sein Leben, seinen Tod
und sein neu Auferstehn',
hat er gebannt die größte Not:
Dass wir verloren gehn.

Verstehen kann das wohl niemand
vollkommen ganz und gar.
«Wie soll das gehn?», fragt der Verstand.
Es ist zu unfassbar.

In Schriften von vergang'ner Zeit,
ist alles nachzuschlagen,
und mancher ist dann zwar gescheit,
doch was will mir das sagen?

Für mich bedeutet Ostern klar,
dass Gott uns ewig liebt
und annimmt, ganz egal was war
oder einmal geschieht.

Gedanken zum Pfingstfest

Wie war wohl jene Anfangszeit
für die noch junge Christenheit,
als Jesus nicht mehr sichtbar war?
Wie ging es dann der Christenschar?

Verängstigt, ja, das waren sie,
und sicher fühlten sie sich nie,
denn Christ zu sein war nicht erlaubt.
Gefährlich lebte, wer getauft.

Doch dann geschah dieser Moment,
den mancher sicher heut' noch kennt,
denn Jesus schickte Gottes Kraft
und machte spürbar Gottes Macht.

War alles gut jetzt für die Christen,
oder nicht? Nein, dies Vernichten
ging schrecklich weiter auf der Welt,
dass mancher sich die Frage stellt:

«Wenn Gottes Geist ist ausgesandt,
warum wird er nicht angewandt,
dass endlich alles besser wird?
Hatten die Christen sich geirrt?»

Denn es ist auch noch heute so,
dass auf der Erde irgendwo,
Christen aufgrund der Religion,
aushalten müssen Spott und Hohn.

Alles ist gleich oder doch nicht?
Denn uns erzählt die Weltgeschicht',
dass trotz Verfolgung bis zum Tod
sie finden Halt bei ihrem Gott.

Ja, dieser Glaube ist die Kraft,
mit der die Christenheit es schafft
und darin wird für mich sichtbar,
dass Gottes Geist wirkt wunderbar.

Wenn Gedanken weitergehen …

Gesetzt den Fall, es gab ihn doch,
den Heiligen Geist, und wirkt heut' noch.
Was wäre, wenn er aktiv ist,
selbst, wenn ein Mensch ihn ganz vergisst?

Und könnte es vielleicht auch sein,
dass diese Kraft hilft nicht allein
den Christen, sondern überall?
Bei uns auf Erden und im All?

Wenn Gottes Geist' Einsatzgebiet
gar keine Einschränkung vorsieht,
sondern einfach nur wirken möcht'?
Wem wird bei solch' Gedanken schlecht?

Ist dieses Denken unverschämt,
da niemand wohl die Antwort kennt?
Doch könnte es vielleicht auch sein,
dass so ein Denken noch zu klein?

Segen

Segen

Mög' die göttliche Liebe in dir dich erfüllen.
Mög' die göttliche Liebe in dir spürbar sein.
Mög' die göttliche Liebe in dir dich erfreuen,
denn sie leuchtet ewig in dir hell und rein.

Mög' die Freude in dir dein Herz jetzt neu erquicken.
Mög' die Freude in dir wachsen täglich ein Stück.
Mög' die Freude in dir eine Botschaft dir schicken,
welche dich lässt erkennen dein göttliches Glück.

Mög' der Augenblick dir seine Wunder ausbreiten.
Mög' der Augenblick dich jetzt umarmen ganz zart.
Mög' der Augenblick dein Herz zur Seele geleiten
und dich so heimführen in göttlicher Art.

Liebe im Leben

Ich wünsche dir Liebe ins Leben hinein.
Ich wünsche dir Liebe, hell wie Sonnenschein.

Ich wünsche dir Liebe, die täglich beginnt.
Ich wünsche dir Liebe, die im Stillen singt.

Ich wünsche dir Liebe und Weisheit und Mut.
Ich wünsche dir Liebe, die im Herz wohltut.

Ich wünsche dir Liebe, bunt wie Fantasie.
Ich wünsche dir Liebe mit zarter Magie.

Ich wünsche dir Liebe, die heilt, nicht verletzt.
Ich wünsche dir Liebe, die jeden Tag wächst.

Ich wünsche dir Liebe, mit Freude geschmückt.
Ich wünsche dir Liebe, die nach vorne blickt.

Ich wünsche dir Liebe, die dein Herz befreit.
Ich wünsche dir Liebe, die dein Ziel aufzeigt.

Ich wünsche dir Liebe, endlos wie der Strand.
Ich wünsche dir Liebe stets aus Gottes Hand.

Abendgebet

Gott, der Tag ist bald zu End'.
Der Abendstern am Firmament
beginnt jetzt seine Reise,
in zauberhafter Weise.

Und viele Tiere legen sich
in Nester, Höhlen nun friedlich.
Die Stille singt ihr Lied
vom täglichen Abschied.

Dann bricht kraftvoll die Nacht herein,
und hüllt die Welt ganz sachte ein,
mit ihrem Mantelkleid.
Der Mond macht sich bereit.

Auch ich beende nun mein Tun
und lasse alle Arbeit ruhn.
Und danke Dir dafür,
was Du geschenkt hast mir.

So segne Du die Schöpfung jetzt
und heile, was da ist verletzt,
damit nach dieser Nacht
ein neuer Tag erwacht.

Ich wünsche dir ...

Ich wünsche dir Freude, die dein Herz lässt singen,
und Mut, der dir Kraft gibt nach vorne zu sehn.
Ich wünsch' dir Vertrauen, dass du kannst beginnen
neu froh deine Tage, um weiterzugehn.

Ich wünsche dir Hoffnung, wenn Nebel aufsteigen
und du nicht mehr siehst, wo dein Lebensweg ist.
Ich wünsche dir Engel, die dich stets begleiten
und deinem Herz zeigen, dass du beschützt bist.

Ich wünsche dir Ruhe in stürmischen Zeiten,
die dich wie ein Leuchtturm stets sicher heimführt.

Ich wünsche dir Licht, wenn sich still Dunkelheiten
ins Leben einschleichen, dass du es doch spürst.

Ich wünsche dir Freiheit in dein Herz hinein,
die dich lässt erkennen, wer du wirklich bist.
Ich wünsche dir Glauben, dass das wahre Sein
des Lebens jederzeit zu entdecken neu ist.

Ich wünsche dir Frieden auf all deinen Wegen,
beim Arbeiten, Spielen und in deinem Haus.
Ich wünsche dir Liebe und göttlichen Segen
jeden Tag deines Lebens und darüber hinaus.

Segen auf den Weg

Mög' die Sonne dich segnen stets mit ihrer Kraft.
Folge auf deinem Weg deiner Herzensbotschaft.
Geh' mit Freude und mutig jeden einzelnen Schritt
und vertraue dem Leben. Gottes Liebe kommt mit.

Mög' der Mond für dich leuchten und mit ihm jeder Stern.
Und vertrau' deiner Seele, wie dem Leuchtturm von fern.
Spür' den Kompass im Herzen, richt' nach ihm deinen Schritt.
Schenk' dir Zeit, dann geh' weiter. Gottes Liebe kommt mit.

Mög' ein Lächeln am Morgen unverhofft dich beschenken.
Lass' die Blumen am Wege deinen Blick darauf lenken,
was dein Herz will erfreuen. Nun vertrau' deinem Schritt
und genieße dein Leben. Gottes Liebe kommt mit.

Herzlichen Dank

an Euch alle, die Ihr mich bis jetzt im Leben und auf dem Weg zu diesem zweiten HerzBuch bewusst, spontan, emotional, mental, spirituell begleitet, ermutigt und unterstützt habt. Die vielen Begegnungen und Gespräche mit Euch sind unbezahlbare, wertvolle und inspirierende Geschenke.

Wer genau sind diese Herzmenschen? Meine Familie, Freundinnen und Freunde, Kolleginnen und Bekannte, Kinder und Lehrerkolleginnen/-kollegen in der Schule und auch noch viele unbekannte Menschen. Denn eine Begegnung oder Situation daheim, auf der Straße, unterwegs im Bus oder Zug, an einem Schalter, auf einem Markt, während eines Spazierganges, auf einer Reise, bei einem gemeinsamen Essen, am Telefon oder mit einer geschriebenen Nachricht, an einem Ort der Stille oder bei einem Fest berühren mich manchmal auf besondere Weise, und das kann noch lange nachwirken. Dadurch entstehen innere Bilder und daraus schließlich immer wieder neue Texte.

Große Dankbarkeit fühle ich auch für die Natur. Die hier gewählten Worte umschreiben auf bescheidene Weise das Leben und die wundervolle, einzigartige Schöpfung, die Teil des Universums sind.

Und ich bin Gott für mein eigenes Leben unendlich und aus tiefstem Herzen dankbar. Das Buch ist ein Ausdruck dieser Freude und Dankbarkeit.

Mein letzter herzlicher Dank gilt Dir, liebe Leserin, lieber Leser. Denn mit Dir leben und gehen *Worte aus dem Herzen* weiter.

Man sieht nur mit dem Herzen gut, das Wesentliche ist für die Augen unsichtbar.

Antoine de Saint-Exupéry